La Guerre et la Paix

ETUDE MORALE

DÉDIÉE

AUX MEMBRES DE LA CONFÉRENCE DE LA HAYE

PAR

O. KELLERMANN

Prix : **1 fr. 50**

PARIS
Librairie M. VASSEUR
4, Place du Théâtre-Français

CETTE
Propagande Pacifique
6, Quai de l'Avenir

1900

La Guerre et la Paix

ETUDE MORALE

DÉDIÉE

AUX MEMBRES DE LA CONFÉRENCE DE LA HAYE

PAR

O. KELLERMANN

Prix : **1 fr. 50**

PARIS
Librairie M. VASSEUR
4, Place du Théâtre-Français

CETTE
Propagande Pacifique
6, Quai de l'Avenir

1900

PRÉFACE

Si l'on parvenait à démontrer aux peuples chrétiens, par leurs propres livres saints, que l'Ancien et le Nouveau Testament condamnent, sans exception, toutes leurs luttes fratricides, il resterait encore des partisans de la guerre. Les uns contesteraient la valeur de la Bible, les autres déclareraient sa morale trop pure pour être pratiquée ici-bas. Il y aurait cependant un appui considérable donné à la propagande pacifique, grâce à l'autorité la plus auguste que reconnaisse la chrétienté. C'est l'effet que recherche l'auteur de ce livre, dont le point de départ est l'inspiration, non pas littérale mais plénière, des saintes Ecritures. Elles attribuent au Dieu vivant des droits souverains que les hommes n'ont pas, et dont l'usurpation leur a toujours coûté cher. Les pages qui suivent le constateront dans les siècles passés, avant ou après la naissance du Christ.

Nous considérerons les hommes comme des êtres immortels, sans discuter les thèses matérialistes qui les assimilent aux bêtes. Le sentiment de la responsabilité envers Dieu est étranger aux animaux, mais l'immense majorité du genre humain le possède. C'est donc à des esprits doués du sens moral et respectant la Bible, que nous déduirons les preuves évidentes du jugement, sans appel, porté par elle sur les guerres modernes, quelle qu'en soit l'occasion ou le prétexte. A cette démonstration se joindra celle de l'incompatibilité entre la liberté de conscience et toute contrainte exercée à main armée. Par une heureuse inconséquence, la plupart des peuples chrétiens respectent maintenant, plus ou moins, le libre arbitre, tandis qu'ils honorent encore, dans leurs relations, l'emploi de la force. Il en résulte un état de transition, où les vrais principes commencent à percer sans être encore bien compris et réalisés. La barbarie du moyen-âge disparaît, on voit l'aurore de temps nouveaux. Travailler à faire resplendir, de tout son éclat, la vérité qui dissipe les ténèbres, c'est la vocation de ceux qui la puisent à sa source divine, en sondant les Ecritures, selon l'ordre de notre Seigneur Jésus-Christ (1).

La Bible n'est pas responsable des fautes des hommes, car elle les blâme toutes et dévoile même celles des prophètes ; pour y puiser l'excuse du crime, il faut en altérer le sens. Pénétré de sa haute valeur morale, nous rechercherons simplement ses enseignements, à l'égard du sixième commandement du Décalogue : « Tu ne tueras point » (2) dont l'interprétation, vraie ou fausse, modifie, de fond en comble, la société humaine et les relations internationales.

CETTE, le 1er Janvier de l'an 1900.

(1) St Jean, v ; 39. — (2) Exode, xx ; 13.

LIVRE PREMIER

L'ANCIEN TESTAMENT

I

Les Origines

Le premier fratricide, commis sur la terre, fut un acte de persécution religieuse. Abel le juste (1) offrait à l'Eternel le sacrifice sanglant, institué après la chute en Eden (2). Son frère aîné ne voulait présenter à Dieu que des fruits de la terre ; il s'éleva contre celui qui désapprouvait son culte et le tua, au lieu des animaux qu'il avait épargnés (3). Voilà l'origine du fleuve de sang qui traverse l'histoire, « criant de la terre jusqu'à Dieu ». Le nom de Caïn a été maudit, d'âge en âge, par les imitateurs de son intolérance. Son crime lui donna l'empire de ce monde ; il y bâtit la première ville, et sa race se multiplia. Le septième patriarche de sa lignée, Lémec, en condensa les principes de morale dans une strophe fameuse, adressée à sa famille :

« Ada et Tsilla, entendez ma voix ;
Femmes de Lémec, écoutez ma parole :
Oui, je tue un homme pour ma blessure,
Et un jeune homme pour ma meurtrissure !
Oui, si Caïn est vengé sept fois,
Lémec le sera soixante-dix-sept fois ! » (Gen., IV ; 23-24)

La vengeance personnelle, en cas d'offense, au lieu du pardon des injures, était donc la règle des

(1) Matth., XXIII ; 35. — (2) Gen., III ; 21. — (3) Gen., IV ; 1-16.

Caïnites. La Genèse blâme les Séthites, appelés « fils de Dieu » (1), de s'être alliés avec eux par des mariages mixtes. Elle ne fait aucune mention d'armées ni de batailles avant le déluge, et ne laisse supposer, à cette époque primitive, que des meurtres isolés, punis par la réprobation générale. Mais, après la construction de Babel, la confusion des langues, la dispersion des peuples orientaux, et l'établissement du premier royaume chaldéen par Nimrod, petit-fils de Cam, l'ère patriarcale fut close. Les chefs de clans se disputèrent bientôt les régions les plus fertiles (2), les forts en chassèrent les faibles, leur imposèrent des tributs (3), ou les réduisirent en servitude, en leur enlevant leurs femmes et leurs enfants. Les conquêtes et massacres commencèrent, pour satisfaire l'ambition, la soif de l'or et la volupté.

Les premiers occupants du sol étaient indignés de la violence exercée sur eux; ils l'appelaient une iniquité monstrueuse, et prenaient le ciel à témoin de cette violation du droit naturel. Mais, obligés d'émigrer pour fuir l'oppression, ils agissaient exactement comme leurs oppresseurs, quand ils rencontraient sur leur route d'autres peuplades plus faibles qu'eux. Ils exerçaient sur elles la même iniquité, les mêmes violences ; ils les dépouillaient de leurs biens, de la liberté ou de la vie, aussi allègrement que leurs propres vainqueurs. L'honneur de cet heureux succès était attribué à leurs idoles, car chaque peuple s'était fait ses dieux particuliers, oubliant simultanément l'unité divine et la fraternité humaine.

L'Eternel, prévoyant toutes les horreurs du paganisme, fruits du péché originel, avait protesté d'avance contre elles, en donnant à Noé et à ses fils, sauvés du déluge, une loi de talion, aussi juste que celle de Lémec était inique. Après leur avoir permis de tuer les bêtes pour s'en nourrir, il ajouta : « Je

(1) Gen., VI ; 1-4. — (2) Gen., XIII ; 10. — (3) Gen. XIV ; 4.

redemanderai l'âme de chaque homme de la main de son frère. Quiconque versera le sang de l'homme, son propre sang sera versé par l'homme, car Dieu a fait l'homme à son image ». (Gen., IX ; 5-6) Lémec s'arrogeait le droit de punir de mort la moindre offense ; l'Éternel réservait la peine capitale aux véritables meurtriers. L'homme mérite assurément de souffrir lui-même tout ce qu'il inflige aux autres, et il n'y a aucune injustice dans la loi du talion, que Moïse développa plus tard, en ces termes : « Œil pour œil, dent pour dent, main pour main, pied pour pied, brûlure pour brûlure, blessure pour blessure, meurtrissure pour meurtrissure ». (Exode, XXI ; 24-25) D'après le même principe, il condamnait les larrons à restituer du double au quintuple, en nature ou par leur travail (1). Mais les hommes sont très iniques, s'ils imposent à leurs semblables un châtiment hors de proportion avec l'offense. Les peuples chrétiens, en livrant les voleurs aux bourreaux, jusqu'au commencement de ce siècle, ont suivi la règle de Lémec, au lieu de celle de Moïse et de Jésus-Christ. Ils se croyaient cependant très supérieurs aux Israélites, confondant le progrès des sciences naturelles avec celui de la morale. La mise à mort des simples larrons, braconniers, déserteurs et faux monnayeurs, a donc souillé la chrétienté de meurtres juridiques sans nombre, également réprouvés par l'Ancien et le Nouveau Testament.

C'est en vertu de la juste loi du talion qu'ont été exercés tous les jugements de Dieu, manifestés sous l'Ancien Testament. Les hommes, châtiés par lui de diverses manières, avaient toujours fait, ou voulu faire, aux autres, les maux dont ils étaient accablés, afin de les conduire à la repentance. Du temps de Noé, la terre était « pleine de violence et d'extorsions », les préceptes de Lémec, joints à la prospé-

(1) Exode, XXII ; 1-4.

rité de ses enfants, ayant corrompu presque toute la race de Seth, au contact des Caïnites (1). St-Pierre affirme cependant que la génération engloutie par le déluge, et qui en représente beaucoup d'autres, a pu se repentir, jusque dans l'autre monde, à la voix du Rédempteur (2). Les Ninivites s'amendèrent plus tôt à la prédication de Jonas, qui leur annonçait une prochaine destruction (3). Les Israélites ont souvent confessé leurs péchés, en écoutant leurs prophètes, dont l'Esprit de Dieu confirmait les appels dans leur conscience (4). Moïse, entre autres, avait dit à son peuple, avant de lui livrer le pays des Cananéens : « Ce n'est point à cause de ta justice ni de la droiture de ton cœur que tu vas entrer pour posséder leur terre, mais c'est à cause de la méchanceté de ces nations que l'Eternel, ton Dieu, va les déposséder devant toi.... car tu es un peuple de cou raide ». (Deut., IX ; 5 6) Mais il y a eu beaucoup de faux prophètes qui ont séduit les hommes, en les excitant à s'approprier, quoique rebelles à Dieu, ses meilleures promesses, et à exercer, sur les autres, la loi du talion, sans comprendre l'immense miséricorde dont ils avaient eux-mêmes besoin (5).

II

Le Jugement de Dieu

Les agents de la vengeance divine, seule légitime, étaient, sous l'Ancien Testament, de cinq ordres différents, savoir : les forces de la nature, les anges, les démons, les méchants et les justes, dont l'Eternel se servait tour à tour, selon sa parfaite sagesse. Les agents naturels, tels que le feu du ciel, le déluge,

(1) Gen., IV ; 19-22. — (2) I St-Pierre, III ; 20. — (3) Jonas, III. — (4) Néhémie, IX. — (5) Jérémie, XIV ; 13-16.

les tremblements de terre, les tempêtes, la peste, la sécheresse et la famine, sont inconscients, obéissant passivement au Créateur ou à ses ministres. Les bons anges ne sauraient être insensibles ; il leur est certainement plus doux d'être des messagers de miséricorde, des libérateurs dans la détresse, que des instruments de destruction (1) ; ils n'en servent pas moins sans hésitation la justice de Dieu (2). Les démons et les méchants le font aussi, avec empressement, dans le désir de nuire à autrui ou de s'enrichir et de se glorifier (3). Il y a toutefois, selon les Ecritures, deux sortes de méchants ou d'orgueilleux ; la multitude n'est pas endurcie sans retour, et peut se repentir de sa malice (4) ; quelques-uns ont leur conscience cautérisée (5). Ceux-ci entraînent les autres dans toutes les voies de cruauté, d'égoïsme féroce, d'hypocrisie et de persécution, que Caïn ouvrit à sa postérité. Dieu se sert de ces réprouvés pour humilier ou frapper les hommes, et il leur rend finalement selon leurs œuvres (6).

Les gens de bien, comme les bons anges, préfèrent user de compassion envers leurs semblables, plutôt que d'employer la rigueur. Ils ont dû cependant, sous l'Ancien Testament, et surtout pendant l'économie mosaïque, surmonter leur répugnance à exécuter, de leurs propres mains, quelques terribles jugements de Dieu. Si l'on prétend que l'Eternel ne pouvait pas les y appeler, on repousse absolument toute idée de révélation et d'action du Saint-Esprit sur les croyants. En effet, la sainteté divine a deux caractères : l'amour du bien et des justes, l'horreur du mal et des méchants. Croire que Dieu n'inspire aux siens que le premier sentiment, c'est renverser la Bible entière et le sens commun. Quand l'Eternel se communique aux hommes, il agit, en principe, tel qu'il est, sans mutiler le bien, dont la haine du

(1) Ps., CIV ; 4. — (2) Gen., XIX ; 1-22. — (3) I Chron., XXI ; 1. — (4) Esaie, LV : 7. — (5) Ps., LVIII ; 3-5. — I Tim., IV ; 2. — (6) Ps., LXXIII ; 16-20.

mal fait partie. Alléguer qu'en se servant de toutes ses créatures, pour réprimer ici-bas l'iniquité, il ne devait pas y employer ses meilleurs serviteurs, c'est rejeter l'Ancien Testament, base du Nouveau. Leur ministère s'est, il est vrai, transformé de l'ancienne à la nouvelle alliance. Leurs fonctions extérieures de justiciers, juges, héros d'Israël, rois, sacrificateurs, types du Messie promis, etc., étaient symboliques et prophétiques. La réalité spirituelle, apportée par Jésus-Christ à son Eglise, a mis fin à toutes ces figures ; les croyants sont restés les serviteurs de Dieu dans un ordre plus élevé, revêtus d'une royauté et d'un sacerdoce éternels (1).

A l'époque où des gens de bien exécutaient quelquefois les sentences de la Loi pénale, leurs sentiments n'étaient pas moins nobles que ceux des jurés et des juges de nos jours, dont nous respectons les arrêts. Qu'ils soient nommés par l'Etat ou tirés au sort, nous les estimons dignes de condamner les coupables, « sans haine et sans crainte. » A comb en plus forte raison devons-nous le penser des justes de l'Ancien Testament, qui formaient l'élite morale de leurs contemporains. Autant l'homme se montre pervers, quand son égoïsme le rend implacable, autant il mérite d'admiration, lorsque l'amour de la justice l'élève au-dessus de toute considération personnelle.

La vie entière des patriarches était dominée par le sentiment de leur immortalité spirituelle. On a prétendu, contre toute évidence, qu'il était moins ferme chez les anciens Hébreux que parmi les Egyptiens, les Chaldéens, les Perses, les Grecs et les Romains. La différence entre eux vient de ce que l'imagination des païens, échappant à l'autorité de la révélation primitive, s'est donné libre carrière dans la description poétique des Champs Elysées,

(1) Esaïe LXVI ; 21. — I St-Pierre, II ; 5-9.

du Tartare, du Wahlhalla, etc, ; tandis que les prophètes hébreux affirment simplement le principe de la félicité ou du malheur éternel, sans l'amplifier (1). Leur langage sobre et modeste contraste avec la présomption des prêtres et des poëtes païens, décrivant au hasard des choses mystérieuses, dont ils altéraient l'ancienne tradition. On abuse maintenant de la concision biblique, en transformant l'Ecclésiaste, par exemple, en matérialiste, lui qui résume son livre en ces mots : « Voici la fin de tout ce discours ; écoutons-en la somme : Crains Dieu et garde ses commandements, c'est là le tout de l'homme ; car Dieu amènera toute œuvre en jugement, avec tout ce qui est caché, soit bien, soit mal ». (Ecclés., XII ; 13-14)

Fermement convaincus de la vie future, et faisant la profession d'être des « pélerins » sur la terre (2), les Hébreux pieux se croyaient obligés d'agir envers leurs semblables selon la révélation divine. Ils les comblaient surtout de bienfaits, comme Joseph le fit envers ses frères, au lieu de se venger d'eux. Quand ils frappaient les coupables, c'était à regret, en vertu d'une loi sainte, que leur conscience ne leur permettait pas d'éluder. Ils respectaient les motifs secrets de l'Eternel, estimant sa sagesse supérieure à la leur, autant que les cieux surpassent la terre. Ces hommes éminents ont été méconnus, à cause de leur ignorance des secrets de la nature, dont la découverte était réservée à notre siècle. Les incrédules n'ont pas compris leur grandeur morale, et ils méprisent encore leurs actes de justice, accomplis par ordre du Tout Puissant.

Le Seigneur Jésus et ses apôtres admettaient la nécessité du « ministère de mort », exercé sous l'ancienne Loi, pour convaincre tous les hommes de leur

(1) Esaïe, XLV ; 17 — Jérém., XXIII ; 40. — Ps., XVII ; 15. — Ps., XLIX ; 15. Ps., XVI ; 10. — Esaïe, LXVI ; 24. — (2) Gen., XLVII ; 9. — Hébr., XI ; 13.

culpabilité, (1) Ils l'honoraient, comme légitime et saint, tout en le remplaçant par le ministère de la grâce, auquel le premier frayait la route, car nul ne demande grâce avant de se sentir criminel. Malgré les enseignements positifs et complets du Nouveau Testament sur ce point capital, beaucoup de chrétiens se sont fourvoyés, à cause du contraste apparent entre les deux alliances. Leur égarement a été double : les uns ont blâmé les rigueurs du mosaïsme, tandis que le Dieu vivant les continuait, sous leurs yeux, par toute la terre, dirigeant les fléaux de la nature et frappant les nations rebelles, « avec une verge de fer » (2) ; les autres y ont puisé la justification de la guerre, et la sanction du cruel fanatisme, dans lequel ils enfreignaient, au nom du Christ, toutes les lois évangéliques.

III

La Vocation d'Israël

La manifestation terrestre du péché originel devait précéder la venue du Rédempteur des esprits déchus. Mais, si l'Eternel n'avait pas suscité Abraham, comme chef d'une race élue, tandis que l'idolâtrie, le pillage et le carnage se déchaînaient de toutes parts, le monde entier aurait été bientôt couvert des plus épaisses ténèbres. Un seul peuple fut réservé à Dieu, dans une petite Terre Sainte, et, sans les efforts inouïs de quelques fils d'Abraham, il aurait entièrement substitué au culte de Jéhova, le culte infâme de ses voisins idolâtres. Ceux-ci haïssaient pourtant Israël, à cause de la sainteté divine, dont il possédait les symboles et les lois morales. A défaut de résistance matérielle ou de miracles per-

(1) II Corinth., III ; 7-11. — (2) Ps : 149 ; 5-9. — Apoc., II ; 27 — XII ; 5.

pétuels, les païens se seraient emparés de la Palestine, installant et glorifiant leurs faux dieux dans le temple de Jérusalem, comme Antiochus Epiphane le fit plus tard, durant trois ans et demi. L'alliance typique, traitée sur le Sinaï avec un peuple terrestre, — qui, au fond, resssemblait aux autres et leur servait de témoin, — embrassait l'existence entière des individus et de la nation. Elle réglait, par conséquent, leurs relations avec les étrangers, que les Israélites devaient aimer et assister, en temps de paix, (1) et repousser, en cas d'invasion à main armée. (2)

On s'est prévalu des ordres donnés par Moïse, à cet égard, et touchant la conquête du pays de Canaan, pour restaurer, en fait de guerre, toute l'ancienne économie. Les catholiques romains, très conséquents dans l'erreur, y ont joint, aussi longtemps que possible, la suppression de la liberté de conscience, que leur Eglise poursuit encore, en attendant l'heureux retour du moyen-âge et de la suprématie papale. Il est évident que l'idolâtrie, et le faux prophétisme qui y mène, étaient punis de mort au pays d'Israël ; mais, que faut-il en conclure, sinon qu'il nous faut choisir entre la loi de Moïse et celle du Christ ? — On ne saurait être, à la fois, juif et chrétien ; St-Paul l'a nettement démontré aux Galates, païens convertis, qui essayaient de se rattacher au mosaïsme, dont l'abolition totale était imminente. Il leur déclare, qu'en adoptant la Loi mosaïque, ils s'obligent à la garder tout entière, et que « Christ ne leur servira plus de rien ». (3) La Loi et l'Evangile sont deux constitutions différentes, qu'il est interdit de confondre. Quiconque choisit la Loi doit l'observer ; quiconque choisit la Grâce divine doit lui rester fidèle, en exerçant, à son tour, envers les autres, la miséricorde qui lui a été faite ;

(1) Lévit., XIX ; 34 — XXIV ; 22 — XXV ; 35. — (2) Lévit., XXVI ; 8. — (3) Gal., V ; 1-4.

autrement la grâce qu'il a reçue sera révoquée. (1) Les lois morales des deux Testaments sont identiques ; le même esprit se retrouve dans toute la Bible ; mais les règles de conduite terrestre sont très différentes, car Jésus-Christ nous a tracé un autre chemin que Moïse. Ceux qui s'en détournent pour revenir au mosaïsme, et lui emprunter précisément ce qui s'accorde le moins avec l'Evangile, sont des « prévaricateurs », selon l'expression même de St-Paul. (2)

L'emploi de l'épée, ordonné par Moïse contre les ennemis d'Israël, devait l'être à fortiori contre ceux de l'Eternel, puisque la Loi considérait l'impiété comme la source de tout mal. Un code pénal révélé du ciel ne pouvait traiter le mépris public de Jéhova avec plus d'indulgence que les pires attentats sur ses créatures. La liberté religieuse était donc incompatible, en Israël, avec l'usage du glaive contre les idolâtres du dedans et du dehors. Les Israélites, qui s'obstinaient à servir les faux dieux, étaient obligés de quitter leur pays, quand la Loi y était respectée, ou de tomber sous les coups du peuple élu, dont l'épée avait été consacrée à l'Eternel. Les catholiques romains ont eu raison, par conséquent, de supprimer la liberté de conscience, puisqu'ils approuvaient les croisades et les guerres saintes, au profit de leur Eglise. La logique ultramontaine, sur ce point, est parfaite, si l'on délaisse l'Evangile pour embrasser la justice légale.

Les protestants s'arrêtent à mi-chemin ; ils comprennent que le Nouveau Testament institue la liberté religieuse, sans affaiblir notre responsabilité morale ; ils ne veulent plus de la guerre sainte ; mais ils approuvent, en général, la guerre profane, au profit de leurs intérêts terrestres, qu'ils honorent ainsi plus que Dieu. L'Ancien Testament, dont ils

(1) St-Matth., XVIII ; 22-35. — (2) Gal., II ; 18.

se réclament alors, en invoquant « l'Eternel des Armées », leur indique cependant une autre voie, admise chez les catholiques, savoir de combattre d'abord dans l'intérêt de la vérité, en se rappelant qu'une âme immortelle vaut plus que l'Univers matériel. (1) Les apôtres du Christ, revêtus de ses armes spirituelles, les déclaraient suffisantes « pour renverser les forteresses de Satan. » (2) Si l'on préfère défendre la justice avec des armes charnelles, dont elle n'a nul besoin, il faut aller jusqu'au bout et rétablir l'ancienne Loi, hostile à la liberté de conscience, qui est l'effet de l'Evangile ; avant lui le paganisme ne l'a pas connue, ni le mosaïsme, quoique pour des motifs tout différents.

La doctrine ultramontaine ruine, avec la liberté religieuse, la constitution des Etats modernes. Ceux-ci tolèrent cependant l'ultramontanisme, quand son action délétère est restreinte ; mais, dès qu'elle atteint les masses, ils se voient contraints de lutter pour leur existence. Voilà pourquoi l'Eglise catholique jouit, en moyenne, dans les pays protestants, d'une somme de liberté plus grande qu'en pays latin, où sa prépondérance exige un contre-poids. Cette anomalie ne cessera qu'après sa soumission réelle au Nouveau Testament, qui interdit la violence en matière politique comme en matière religieuse. Les protestants ayant finalement renoncé à la contrainte dogmatique, limitent leur retour au mosaïsme, en excluant la guerre du terrain confessionnel. Ils n'en violent pas moins la justice, lorsqu'ils s'emparent d'un pays conquis, asservissent les indigènes, et les exploitent à leur profit. Ils violent aussi la liberté de conscience, car elle consiste, pour des êtres immortels, à disposer librement de leur âme, de leur corps et de leurs biens, sans léser les droits d'autrui. Réserver cette liberté aux races fortes et la refuser aux races faibles, c'est la renier dans son essence.

(1) St-Matth., XVI ; 26. — (2) II Corinth., X ; 4.

De telles pratiques, plus ou moins analogues à la conquête du pays de Canaan, ne procèdent pourtant ni de l'Ancien, ni du Nouveau Testament. La Réformation en a hérité du catholicisme, sans remonter au christianisme apostolique, où la justice et la vérité resplendissent sans nuage, répudiant le secours du « bras de la chair. » (1) Leur gloire est de vaincre l'iniquité par leur propre vertu, quand il plaît à Dieu de lui donner un libre cours ici-bas.

La lutte des serviteurs de Jéhova contre les idolâtres, et leurs miraculeuses victoires, représentaient leurs combats contre la puissance des ténèbres, et leurs triomphes sur elle par le Saint-Esprit. Ils étaient déjà les héros de la foi, recevant du ciel leur lumière et leur force, au moyen d'ardentes prières. (2) Les Psaumes en rendent témoignage ; ils dévoilent leurs sentiments intimes, qui correspondent à ceux de Jésus-Christ et des siens. Le Nouveau Testament confirme et accroît cette communion avec Dieu ; il amène à sa perfection la réalité spirituelle et annule les types mosaïques, après les avoir accomplis. Les chrétiens ont méconnu son autorité, en chantant des psaumes sur leurs champs de bataille et en exaltant des dynasties guerrières, à l'instar de celle de David, l'Oint de l'Eternel. On peut rejeter, comme un tissu de fables, la merveilleuse histoire d'Israël ; mais il est impossible d'en admettre la véracité, tout en justifiant, par analogie, une autre guerre quelconque, offensive ou défensive, profane ou sacrée. Où sont les Josué et les David des batailles modernes ? où sont leurs révélations, leurs miracles, leur foi, leur sainteté ? Nos généraux les plus pieux reçoivent-ils de l'Eternel une infaillible stratégie ? soumettent-ils aux prêtres leurs plans de campagne ? Ce sont souvent des impies, tels que Frédéric-le-Grand et Napoléon Ier, qui se montrent les plus habiles. Les

(1) Jérém., XVII ; 5. — Ephès., VI ; 12. — (2) Ps., XXVII ; 1 — XVIII ; 17.

dévots estiment, comme les autres, que Dieu favorise les gros bataillons, et ils agissent en conséquence.

Quant aux maximes de légitime défense, si chères aux peuples chrétiens, et qui les induisent à augmenter leurs armements, jusqu'à succomber sous le faix, elles sont aussi contraires aux principes de l'Ancien Testament qu'à ceux du Nouveau. Elles nous rangeraient du côté des Cananéens contre les Israélites, en condamnant Rahab, l'hôtelière, qui cacha dans sa maison les espions hébreux chargés d'épier Jéricho. Selon le droit des gens, cette femme méritait d'être lapidée ; mais selon les lois de la foi, la courtisane cananéenne, implorant le pardon de Jéhova, devait échapper à l'épée qui frappait les incrédules. La réforme de ses mœurs devint le sceau de sa conversion ; le vertueux Booz fut son fils et le roi David, son arrière petit-fils ; elle figure, avec honneur, dans la généalogie de Jésus-Christ. (1)

D'après l'Ancien Testament, la terre entière appartient à l'Eternel, qui la distribue à son gré, et ses habitants l'occupent, pour peu de temps, à titre gratuit. (2) La possession d'un pays, conséquence habituelle de sa conquête, n'est pas un droit immuable ; l'Eternel peut le transférer à d'autres, s'il le juge bon. (3) C'est ainsi que le pays de Canaan, après avoir vu la destruction de Sodome et de Gomorrhe, fut livré aux Israélites, quand l'iniquité des indigènes eut comblé la mesure. (4) Rahab, sa famille et les Gabaonites évitèrent la mort, parce qu'ils se repentirent. (5) Quand, plus tard, les Israélites, à leur tour, eurent mérité, au dernier point, les châtiments de Jéhova, ils furent aussi détruits et emmenés captifs par les Assyriens et les Chaldéens. Leurs prophètes les avaient avertis des malheurs qui allaient fondre sur eux, en les suppliant de les éviter par une prompte

(1) Josué, II ; 1 — VI ; 17. — St Matth., I ; 5. — Hébr., XI ; 31. — St Jacq., II ; 25. — (2) Lévit., XXV ; 23. — (3) Deut., XXIX ; 28. — (4) Gen., XV ; 16. — (5) Josué, IX ; 3 — X

conversion. (1) Ils les exhortèrent ensuite à porter patiemment la joug des étrangers, et à leur payer le tribut, les menaçant de pires calamités, en cas de révolte. (2) Les Juifs patriotes, irrités d'un pareil langage, contestaient fortement avec les serviteurs de l'Éternel, qu'ils accusaient de trahir la cause nationale. Ils en tuèrent plusieurs et jetèrent Jérémie, durant le siège de Jérusalem, dans une basse fosse, où il faillit périr, parce qu'il conseillait au peuple de se rendre à Nébucadnetzar, pour avoir au moins la vie sauve.(3) Il en résulta la ruine de la ville sainte et du temple, où le fier patriotisme des faux prophètes avait prévalu sur celui des vrais croyants. Ceux-ci se montraient aussi résignés au jour de l'épreuve qu'intrépides dans les combats, où leur épée victorieuse humiliait les idolâtres. Lorsque Jéhova leur révélait que sa longue patience était à bout, et qu'il allait frapper Israël, ils intercédaient auprès de lui, en implorant ses compassions. (4) Quand il n'y avait plus de remède, ils se soumettaient, sans murmure, au châtiment national. S'ils pouvaient tout avec Dieu, ils ne pouvaient rien contre lui ; telle est la règle immuable de la foi.

Les Juifs, transportés à Babylone, reçurent de l'Éternel, l'ordre de prier pour la prospérité temporaire de cette ville. « Dans sa paix, leur dit-il, vous aurez la paix. » (5) Daniel et ses compagnons devinrent ainsi les fidèles serviteurs de Nébucadnetzar, agissant pour son bien et travaillant à son salut. (6) Quand les menaces divines dûrent plus tard s'accomplir sur les Chaldéens, les Israélites pieux s'en réjouirent, non par rancune, mais en vue des promesses messianiques. Le patriotisme moderne, qui considère le sol natal comme sacré, n'a aucune racine dans l'Ancien Testament. La Terre Sainte avait été consacrée au culte de Jéhova,

(1) Jérém., XXVI ; 13. — (2) Ibid., XXVIII ; 12-16. — (3) Ibid., XXXVIII. — (4) Ibid., VII ; 16. — (5) Ibid., XXIX ; 7. — (6) Daniel, IV ; 24

le Messie devait y descendre du ciel et réaliser les prophéties. Les Hébreux, qui détestaient l'idolâtrie, savaient qu'elle régnait partout ailleurs ; ils tenaient, en conséquence, à rester dans leur pays, et leur désolation fut grande, lors de la destruction du temple, qui interrompit le culte lévitique. (1) Ils se réjouirent de son relèvement, à leur retour de l'exil, en célébrant à la fois la puissance de l'Eternel, ses compassions envers son peuple, et la vérité de sa Parole. Les païens n'éprouvaient rien de ce genre ; dominés par l'éducation, la langue, les mœurs et les préjugés locaux, ils se croyaient aisément le premier peuple du monde, autorisé à faire aux autres ce qu'il ne voulait pas qu'on lui fît. Qualifiant de sacrilège l'invasion de leur territoire, ils appelaient œuvre pie leurs propres conquêtes. Voilà l'esprit qui règne encore parmi les peuples européens.

Lorsque les Israélites repoussaient une invasion étrangère, ce n'était pas au nom de l'honneur national mais au nom de Jéhova, (2) qui les délivrait souvent par des moyens surnaturels ou puérils, afin qu'ils ne pussent pas se glorifier de leur vaillance. (3) S'il se servait de leurs bras, l'honneur devait néanmoins lui être rendu à lui seul, qui dirigeait leurs marches et protégeait leurs chefs fidèles. (4) Ceux-ci n'ont jamais été vaincus, quand ils l'avaient consulté avant la bataille ; mais les Israélites ont souvent succombé, dès qu'ils essayaient de lutter en vertu du droit naturel. Ils avaient beau défendre contre des incirconcis leur patrie consacrée à Jéhova, les étrangers remportaient la victoire et dévastaient leur pays. Achab, roi d'Israël, et Josaphat, roi de Juda, furent battus ensemble et le premier même périt, en voulant délivrer, sans l'ordre de l'Eternel, une ville israélite de la main des Syriens. (5) Du temps d'Héli, les

(1) V. Lamentations. — (2) I. Samuel, XVII ; 45. — (3) Juges, VII ; 16-22. — (4) II. Samuel, V ; 22-25. — (5) I. Rois, XXII.

Philistins écrasèrent les Hébreux, tuèrent leurs sacrificateurs, et enlevèrent l'arche de l'Eternel. (1) Il ne suffit donc pas de soutenir une juste cause terrestre pour avoir le droit de compter sur Dieu. (2)

Aucun peuple n'a été plus odieusement maltraité que les Israélites, depuis leur expulsion de la Terre Sainte. Les chrétiens et les musulmans les ont foulés aux pieds, après les païens. Mieux que toute autre nation, Israël aurait eu le droit d'exercer de sanglantes représailles, comme il le fit au temps d'Esther et de Mardochée. (3) Mais l'Eternel ne l'y appelle plus, car sa mission symbolique est finie ; elle était liée à la possession de la Terre Sainte, du culte lévitique et du temple de Jérusalem. Israël ne saurait désormais résister à ses oppresseurs, lui qui vit autrefois de si merveilleuses délivrances ; courber la tête, endurer les coups et subir les outrages des autres nations, tel a été son lot jusqu'à ce jour. Comment peut-on méconnaître un pareil signe, dix-huit fois séculaire, et persister à guerroyer, en s'appuyant sur l'Ancien Testament, après avoir tant persécuté les Juifs, au mépris de l'Evangile ! Si le peuple de Jéhova n'ose plus prendre les armes, sous ses auspices, pour se défendre contre l'iniquité, que faut-il penser des chrétiens qui résistent à l'ordre du Christ : « Remets ton épée dans le fourreau, car tous ceux qui prendront l'épée périront par l'épée. » (4)

Fidèles à l'Eternel et obéissants envers ses prophètes, les Hébreux servaient jadis de verge divine pour châtier les Gentils rebelles ; s'ils devenaient infidèles, les Gentils, à leur tour, devenaient leur fléau. Dans les deux cas, le peuple qui se glorifiait, comme Attila, d'être « le fléau de Dieu », devait entendre les menaces d'Esaïe : « Malheur à Assur, verge de ma colère, quoique le bâton qui est dans leur main soit mon indignation. Je l'envoie contre la nation hypo-

(1) I. Samuel, IV. — (2) Deut., XXVIII ; 30-34. — (3) Esther, IX, 1-19. — (4) St Matth., XXVI ; 52. — St Jean, XVIII ; 11.

crite, et je le dépêche contre le peuple, objet de ma fureur, afin qu'il fasse un grand butin et un grand pillage, et le foule aux pieds, comme la boue des rues. Mais Assur ne l'estime pas ainsi... et son cœur n'a que le dessein de détruire et d'exterminer beaucoup de nations... La hache se glorifiera-t-elle contre celui qui en coupe? Ou la scie s'élèvera-t-elle contre celui qui la manie? Comme si la verge s'agitait contre ceux qui la brandissent, et que le bâton se glorifiât comme n'étant pas du bois! C'est pourquoi le Seigneur l'Eternel des Armées enverra la maigreur sur ses hommes gras, et il allumera sous sa gloire un embrasement tel que celui du feu. » (Esaïe, x, 5-16).

Selon cette doctrine, contenue dans la Loi, les Psaumes et les Prophètes, d'un bout à l'autre de l'Ancien Testament, les guerres modernes n'ont pas le moindre rapport avec le mosaïsme. Elles n'en procèdent pas mieux que de l'Evangile, mais continuent, purement et simplement, les guerres païennes, où la raison du plus fort était la meilleure, leur but étant de satisfaire la fierté, la cupidité ou la rancune nationale. Dieu se sert, comme autrefois, du terrible fléau de la guerre, au même titre que de la peste et de la famine, afin d'éprouver les hommes qui en ont besoin. Mais ses agents matériels sont irresponsables, tandis que les auteurs et acteurs de la guerre seront « jugés selon leurs œuvres, » (1) après avoir exercé ici-bas le « ministère de mort, » qu'ils préfèrent à celui de la grâce. Depuis la chute du mosaïsme, ce ministère appartient à ceux qui ignorent l'Evangile ou refusent de lui obéir, restant ainsi effectivement sous le régime païen, en dehors des deux Testaments. Ne voulant sérieusement pratiquer ni la loi de Moïse, ni celle du Christ, les chrétiens de tradition se contentent de quelques symboles, impuissants contre les convoitises païennes. (2) Ils exercent, en conséquence, ou

(1) Ps., LXII; 12. — Apoc., XX; 12. — (2) St Matth., VI; 32.

subissent, tour à tour, les droits du plus fort, absolument réprouvés par l'Ancien et par le Nouveau Testament.

L'emploi du glaive national n'était permis aux Israélites qu'en vertu d'une loi sainte et d'un ordre divin. Ils devaient assister leurs ennemis personnels, quand ils les trouvaient en détresse, (1) et leur fournir des aliments, ne haïssant jamais leur prochain dans leur cœur. (2) La vengeance, de leur propre chef, leur était interdite envers tous. — David, poursuivi par Saül avec acharnement, n'attenta jamais à sa vie. (3) Lorsqu'il se courrouça contre le méchant Nabal, au point de vouloir le détruire avec sa maison, il reconnut sa faute et se laissa fléchir par Abigaïl. (4) Siméon et Lévi, fils de Jacob, perdirent leur droit d'aînesse, à cause du meurtre des Sichémites, dont le prince avait violé leur sœur Dina. (5) En un mot, l'Ancien Testament dépeint partout l'Éternel comme le grand Justicier, que les hommes pécheurs ne sauraient supplanter sans se nuire à eux-mêmes. Il réprouve la violence et la malice, exalte les humbles ou débonnaires, comme de vrais enfants de Dieu, (6) et laisse entrevoir, dans la vie à venir, le bonheur éternel des hommes miséricordieux, la punition éternelle des méchants. (7)

L'appui que l'on a cherché dans l'ancienne alliance pour justifier des œuvres païennes, y compris d'atroces persécutions religieuses, atteste combien sa connaissance a été longtemps superficielle. On croyait échapper à la loi évangélique, dont la charité dépasse la mesure humaine, en restaurant des fragments du mosaïsme, afin de pouvoir piller et tuer tout à l'aise. Il en est résulté un culte hétérogène, une religion bâtarde, et une morale tronquée. Dieu ne fait rien à demi ; en abolissant le mosaïsme tout entier dans

(1) Exode, XXIII ; 5. — (2) Prov., XXV ; 21 — Lévit., XIX ; 18. — (3) I. Sam., XXIV et XXVI. — (4) I. Sam., XXV. — (5) Genèse, XLIX, 5. — (6) Ps., XXV ; 9. — (7) Ps., CXII ; XCII-XVI. — Esaïe, LXVI ; 24.

sa forme extérieure, il l'a ressuscité dans le Nouveau Testament, par la substance spirituelle, qui est commune aux prophètes et aux apôtres. La nouvelle économie ne renie pas l'ancienne; Jésus-Christ et ses vrais disciples se rattachent à leurs prédécesseurs, tout en ouvrant aux Gentils « le royaume des cieux », le règne spirituel, dont le régime lévitique avait été la figure. (1)

Les promesses terrestres, faites à la postérité d'Abraham, d'Isaac et de Jacob, se sont accomplies dans la conquête de Canaan, le retour de la captivité, la naissance du Christ à Bethléem, etc. Les promesses spirituelles, accordées au « petit reste » humilié de ses péchés, (2) et à une élite de « sept mille hommes, qui ne fléchit point le genou devant Baal, » (3) se sont également réalisées. L'Eternel nous dit, par la bouche d'Esaïe : « J'habite le lieu haut et saint, et je suis avec celui dont l'esprit est brisé et humilié, pour ranimer l'esprit des humbles et les cœurs brisés. » (4) — Cette repentance envers Dieu, prêchée à tous dans les deux Testaments, est incompatible avec le mépris des Juifs, et leur persécution séculaire en pays chrétien. De pareilles infamies essaient de revivre en nos jours ; mais leur temps est passé, après avoir si souvent manifesté l'orgueil des Gentils, dans leur triste conduite envers la branche aînée du genre humain. St Paul les avait avertis qu'ils en seraient punis, et sa prophétie n'a pas manqué de s'accomplir comme les autres. (5)

Des chrétiens égarés ont emprunté à l'Ancien Testament la contrainte matérielle, abolie par l'Evangile. En même temps, ils se sont glorifiés d'adorer Jésus-Christ, crucifié chez les Juifs, tout en rejetant ses commandements, trop contraires à leur cœur naturel. La voie que leur proposait le Nouveau Testament était très différente : ils devaient profiter

(1) Hébr., IX ; 8-24. — (2) Esaïe, I ; 9. — (3) I Rois, XIX ; 18. — (4) Esaïe, LVII ; 15. — (5) Rom., XI ; 17-21.

des enseignements de l'Ancien, et de l'expérience si instructive des Israélites, pour s'humilier eux-mêmes devant l'Eternel. Le péché originel a été universel, la rédemption l'est aussi ; mais ce n'est pas en jetant la pierre aux autres, (1) qu'on en obtient les effets salutaires. L'homme, « qui fait de la Loi un usage légitime, » (2) est conduit par elle à rechercher le pardon et la grâce de Dieu dont il a tant besoin. Il souhaite le même bienfait à ses semblables, et cherche à les convertir, en usant de miséricorde envers eux, à l'exemple de son Père céleste. (3)

Au lieu de s'emparer des pénalités du mosaïsme, et de les outrer, il aurait fallu garder ses règles de fraternité, qui s'accordaient fort bien avec l'Evangile. Elles prescrivaient aux Israélites le prêt sans intérêt, (4) la restitution des gages reçus des pauvres, (5) le soin des vieillards et des infirmes, (6) la protection des étrangers, des orphelins et des veuves, (7) de tous les êtres faibles ou privés de leurs soutiens naturels. Cette charité constituait « la religion pure et sans tache, » (8) commune aux deux Testaments ; mais à sa place, on s'est ingénié à tirer du Lévitique des symboles et des châtiments surannés, dont Israël lui-même s'abstient depuis dix-huit siècles. Après avoir ainsi rétabli assez de mosaïsme pour massacrer les Juifs et les hérétiques, les peuples chrétiens se sont entre-tués, au nom du patriotisme, malgré l'Ancien et le Nouveau Testament.

Les prophètes hébreux rendent, en effet, témoignage, sous mille formes diverses, au Messie qui devait expier nos crimes, (9) parler de paix aux nations, (10) les rassembler en un seul corps, (11) marcher à leur tête, comme Prince de la Paix, (12) et leur enseigner à « forger leurs épées en hoyaux et leurs

(1) St Jean, VIII ; 7. — (2) I Tim., I ; 8. — (3) Ephès., V ; 1. — (4) Exode, XXII ; 25. — (5) Ibid., 26-27. — (6) Lévit., XIX ; 32-34 — XXV ; 35-38. (7) Deut., XXVII ; 16.— (8) St Jacques, I ; 27. — (9) Esaïe, LIII. — (10) Zachar., IX ; 10. — (11) Genèse, XLIX ; 10. — (12) Esaïe, IX ; 6.

lances en serpes, ne levant plus l'épée l'une contre l'autre, et n'apprenant plus la guerre. » (1) Ils célèbrent d'avance son règne de miséricorde, d'abord sur la terre d'Israël, au retour de l'exil et aux temps évangéliques, et plus tard dans le monde entier, (2) où les rancunes nationales disparaitront. « En ce jour-là, est-il écrit, Israël sera joint, lui troisième, avec l'Egypte et Assur, en bénédiction au milieu de la terre ; l'Éternel des Armées les bénira, en disant : Béni soit l'Egypte, mon peuple, et Assur, l'œuvre de mes mains, et Israël mon héritage ! » (3) Ailleurs, les prophètes se réjouissent de la confusion des méchants, qui auront trop longtemps désuni et troublé les nations, (4) ainsi que de l'abolition finale de leurs œuvres de sang. « Venez, s'écrient-ils, et contemplez les exploits de l'Eternel, qui exerce des jugements sur la terre. Il fait cesser les combats jusqu'au bout de la terre ; il brise l'arc et rompt la lance, il brûle au feu les chariots. Cessez, dit-il, et apprenez que c'est moi qui suis Dieu ; haut élevé au-dessus des nations, je serai exalté par toute la terre. » (Ps. XLVI. 8-10)

Voilà les saintes promesses, auxquelles des chrétiens, instruits par l'Evangile, auraient dû s'attacher, au lieu d'invoquer, en vain, l'Eternel des Armées, (5) en essayant de reproduire ses anciens jugements. Des temps meilleurs sont venus ; profitons de la grâce qui nous est offerte, faisons grâce à nos semblables, et ne soyons pas rebelles envers la miséricorde, comme d'autres l'ont été envers la justice divine, révélée sous l'Ancien Testament.

(1) Michée, IV ; 4. — Esaïe, II ; 4. — (2) V. Osée, XIV. — Amos, IX. — Michée, VII. — Sophonie, III. — (3) Esaïe, XIX ; 24-25. — (4) Esaïe, LIV, LV, LXVI.

(5) Jéhova avait pris ce nom, comme Chef des légions d'anges (Josué, 5, 14) souverain Maître des astres, que la Bible appelle aussi l'armée des cieux (Deutér, IV, 19) et Conducteur de l'Eglise militante.

LIVRE SECOND

L'ÉVANGILE

IV.

Jésus-Christ

« Gloire à Dieu dans les lieux très hauts! Paix sur la terre et bienveillance parmi les hommes ! » tel fut le chant céleste qui salua la naissance du Rédempteur (1). — Lorsque le Messie, si longtemps attendu, naquit à Bethléem, l'idolâtrie ne souillait plus le pays d'Israël. Les sévères leçons de l'exil, le ministère des derniers prophètes, et les persécutions d'Antiochus Epiphane, y avaient remis la Loi en honneur. Toutefois, la paix et la bienveillance ne régnaient nulle part : ni parmi les docteurs pharisiens et sadducéens qui se disputaient les synagogues, ni entre les Juifs et les Samaritains ou les Gentils. Le joug de fer des empereurs romains empêchait leurs sujets de s'entrechoquer ; leurs légions retardaient l'invasion des Barbares ; mais aucun peuple, aucune tribu, ne possédait la concorde et la paix que le Seigneur apportait aux siens.

Le mosaïsme était généralement entendu et pratiqué selon la lettre ; les observances cérémonielles, ou la rigueur du sabbat, tenant lieu des sentiments intimes que réclame l'Eternel (2), Jean Baptiste, précurseur du Christ, prêcha la repentance, au nom de

(1) St Luc, II ; 14. — (2) St Matth., XII ; 1-7.

la loi morale, le baptême d'eau, symbole du pardon qui purifie les pécheurs repentants, et les œuvres de miséricorde, où se montrent leur humiliation et leur gratitude envers le Dieu Sauveur (1). Jésus-Christ compléta l'œuvre du nouvel Elie (2) par sa doctrine du royaume des cieux, ou du « règne de Dieu », (3) établi dans l'âme croyante, au moyen d'un « baptême de feu et du Saint-Esprit », sceau de son entière régénération (4). Ce royaume peut être caché dans les cœurs droits (5), ou manifesté par leur réunion en un corps visible (6); mais qu'il soit individuel ou collectif, ses caractères sont toujours la justice, la paix et la joie, dans l'amour de Dieu et du prochain (7).

Autour du Seigneur se groupèrent bientôt les élus, qui voulaient vivre sous la dépendance divine. Jésus-Christ leur donna, dans son Discours sur la Montagne, les règles qui devaient, non pas abolir, quant à leur sens profond, mais compléter et remplacer, en pratique, les lois de l'Ancien Testament. Celle du talion, en particulier, fut transformée par ces paroles : « Vous avez entendu qu'il a été dit : « Œil pour œil, et dent pour dent ». — Mais moi, je vous dis de ne pas résister au méchant ; si quelqu'un te frappe sur la joue droite, présente-lui aussi l'autre ; à celui qui veut plaider contre toi et prendre ta tunique, laisse aussi le manteau ; si quelqu'un te contraint de faire un mille, fais en deux avec lui ; donne à celui qui te demande, et ne te détourne pas de celui qui veut emprunter de toi. » (St-Matth., V ; 38-42).

Ne prenons pas ces paroles à la lettre ; elles accentuent seulement, avec énergie, l'interdiction de résister aux méchants par la force, puisque Jésus-

(1) St Matth., III ; 1-2. — St Luc, III ; 1-7. — (2) Malac., IV ; 5. — St Matth., XI ; 14. — (3) Ibidem, XIII. — St Luc, XVII ; 20. — (4) St Matth. III ; 11. — (5) Ibidem, XIII ; 46. — (6) Ibidem, V ; 14
(7) Rom., XIV ; 17.

Christ lui-même, souffleté par un sergent, durant sa Passion, ne lui tendit pas l'autre joue et lui dit simplement. « Si j'ai mal parlé, fais-le voir ; mais si j'ai bien parlé, pourquoi me frappes-tu ? » (1). Après l'avoir ainsi repris, le Seigneur se laissa mener au supplice, comme un agneau (2), dépouiller de ses vêtements et crucifier. Mais, sur la croix, il triompha des princes de ce siècle, incapables d'ébranler sa foi en son Père céleste (3). En priant pour ses bourreaux (4), il avait encore confirmé, devant tous, le Sermon sur la Montagne : « Vous avez entendu qu'il a été dit : « Tu aimeras ton prochain, (Lévit, XIX ; 18) et tu haïras ton ennemi ; mais moi, je vous dis : Aimez vos ennemis, bénissez ceux qui vous maudissent, faites du bien à ceux qui vous haïssent, et priez pour ceux qui vous outragent et vous persécutent ; afin que vous soyez fils de votre Père qui est aux cieux, car il fait lever son soleil sur les méchants et sur les bons, et il fait pleuvoir sur les justes et sur les injustes... Vous donc, soyez parfaits, comme votre Père qui est aux cieux est parfait. » (St Matth., V ; 43-48).

Il est évident, d'après le Nouveau Testament, que l'entière régénération, par la vertu du Saint-Esprit, que Jésus-Christ offrait à ses disciples, n'était pas l'infaillibilité divine, mais « l'amour parfait », qui surmonte le mal par le bien (5). Il leur avait dit, au début du même discours : « Heureux les miséricordieux, car ils obtiendront miséricorde. Heureux ceux qui ont le cœur pur, car ils verront Dieu. Heureux les pacificateurs, car ils seront appelés fils de Dieu » (6). La miséricorde, qui procure la paix, constituait, aux yeux du Seigneur, la pureté morale, dont sa vie entière nous donne l'exemple, comme sa croix nous en ouvre le chemin.

(1) St Jean, XVIII ; 22-23. — (2) Esaïe LIII ; 7. — (3) Coloss., II ; 15. — (4) St Luc, XXIII ; 34. — (5) I. Jean, IV ; 18. — Rom., XII ; 21. — (6) St Matth., V ; 7-9.

L'Ancien Testament inspirait aux Hébreux la haine du mal et des méchants (1), et il leur ordonnait, en outre, des actes belliqueux contre les ennemis d'Israël. Jésus-Christ les interdit à ses disciples envers tous leurs adversaires, qu'il leur prescrit de convaincre, comme lui-même, par la puissance de la vérité. Durant trois siècles, ils lui ont obéi, endurant, sans aucune résistance, tous les supplices que leur infligeait la malice des incrédules. Ils ont ainsi démontré, après leur Maître, l'impuissance de la force matérielle contre la foi chrétienne. Sa volonté, clairement exprimée, était qu'ils ne se défendissent jamais avec des armes charnelles, afin de surmonter le monde, à son exemple, par une patience à toute épreuve (2). Dans le jardin des Oliviers, il ne se contenta pas de blâmer Pierre, dont l'épée venait d'emporter l'oreille de Malchus, et de lui dire sévèrement : « Remets ton épée dans le fourreau, car tous ceux qui prendront l'épée périront par l'épée » (3) ; il répara, en guérissant le blessé, la faute de l'ardent disciple, qui avait voulu protéger son Maître selon les règles de l'Ancien Testament. Voilà le modèle des chrétiens ; ils doivent s'opposer à l'emploi de la force, même au profit d'une juste cause, et s'appliquer à réparer les maux qu'il a produits. Le serviteur n'est pas plus grand que son Maître, et il n'y a rien de plus saint que Jésus-Christ ; aucun bien périssable ne mérite la défense armée qu'il répudie.

La bienveillance avec laquelle les disciples devaient aborder tous les hommes, et s'efforcer de les gagner à l'Evangile, remplit les instructions qu'ils recevaient du Seigneur. « Dans quelque maison que vous entriez, dites d'abord : Que la paix soit sur cette maison ! — S'il y a là un enfant de paix, votre paix reposera sur lui, sinon elle reviendra sur vous » (4).

(1) Ps. CXXXIX ; 21. — (2) II. Cor., XII ; 12. — (3) St Matth., XXVI ; 52. — St Jean XVIII ; 11. — (4) St Luc, X ; 5-6.

Avant d'achever leur salut en Gethsémané et au Calvaire, Jésus-Christ dit encore aux siens : « Je vous laisse la paix, je vous donne ma paix ; je ne vous la donne pas comme le monde la donne » (1). Toute sa tendresse était acquise aux miséricordieux et aux débonnaires. « Chargez-vous de mon joug, s'écriait-il ; apprenez de moi car je suis doux et humble de cœur, et vous trouverez le repos de vos âmes » (2). — C'est monté sur un âne, et non à cheval, qu'il voulut entrer à Jérusalem, au jour du plus bruyant enthousiasme populaire (3).

Il serait superflu d'insister sur le caractère absolument pacifique du nouveau législateur d'Israël, auquel Moïse avait rendu témoignage (4). Jésus-Christ travaillait sans cesse à l'imprimer en caractères ineffaçables dans l'âme de ses disciples, afin que, transformés à son image, ils pussent exercer, à leur tour, un puissant ministère de paix (5). Réconcilier les hommes avec Dieu, et entre eux, pour ne former qu'un seul corps, étroitement uni par la charité, tel était le but qu'il proposait à leur activité terrestre, en le poursuivant lui-même (6). Le royaume spirituel, ainsi fondé ici-bas, était celui de l'amour filial envers Dieu et de l'amour fraternel envers les hommes. Jésus-Christ promettait à tous ceux qui y entraient, par la foi, de les associer, après leur mort, à son règne céleste (7). En attendant cette bienheureuse résurrection, leurs relations avec les puissances de ce monde restaient telles que leur Maître les avait inaugurées. Ils devaient payer le tribut à César, fût-il Tibère ou Néron, et respecter les gouvernements établis, sans leur obéir dans les choses contraires à la loi divine. Les chrétiens ne pouvaient, par conséquent, tirer l'épée, ni suivant la loi mosaïque, dont Jésus-Christ abrogeait la

(1) St Jean XIV ; 27. — (2) St Matth., XI ; 29. — (3) Ibid., XXI ; 1-9. — (4) Deutér., XVIII ; 18. — St Jean, V ; 46. — (5) II Corinth., V ; 20. — (6) St Jean, XVII. — (7) St Matth., XXV ; 34-40.

lettre, ni selon la loi romaine. L'Agneau de Dieu (1) envoyait les siens dans le monde, « comme des brebis au milieu des loups » (2). A eux de vaincre, par la foi au Crucifié, le sacerdoce juif et la prêtrise païenne, les légions de César et la foule en furie, les arguments des philosophes et les objections des docteurs de la Loi (3). Des hommes illettrés, issus du commun peuple, (4) y sont parvenus, grâce à la vertu du Saint-Esprit, auquel ils avaient cru (5). Leurs adversaires ont dû reconnaître que Jésus de Nazareth avait formé des disciples dignes de son nom et de sa croix, (6) qui disaient aux chefs d'Etat : « Jugez, vous-mêmes, s'il est juste, devant Dieu, de vous obéir plutôt qu'à Dieu ». (Actes, IV ; 19).

La doctrine de Jésus-Christ est la loi définitive de l'humanité, comme il le déclare lui-même : « Celui qui me rejette et ne reçoit point mes paroles, il a déjà qui le juge ; c'est la Parole que j'ai prononcée qui le jugera au dernier jour » (7). Quiconque le rejette, comme Roi, perd le droit de l'invoquer comme Sauveur, car « il est devenu l'auteur d'un salut éternel pour tous ceux qui lui obéissent » (8). Le Nouveau Testament n'a qu'un seul langage à cet égard, et il faut une singulière audace à ceux qui vident, par la force, des querelles humaines, pour se réclamer de l'Evangile, en se plaçant, eux et leurs œuvres homicides, sous la protection de Jésus-Christ. « Pourquoi, leur dit-il, m'appelez-vous Seigneur ! Seigneur ! tandis que vous ne faites pas ce que je dis. L'homme qui entend mes paroles et ne les met pas en pratique ressemble à l'insensé qui bâtit sa maison sur le sable ; quand le fleuve a débordé, elle est tombée et sa ruine a été grande » (9). La même destinée atteindra, tôt ou tard, ces royaumes fondés

(1) St Jean, I ; 36. — (2) St Matth., X ; 16. — (3) I. Cor., I ; 18-25. — (4) Actes, IV 13. — (5) Ibid., I ; 8. — (6) Ibid., V, 28-42. — (7) St Jean, XII ; 48. — (8) Hébr., V ; 9. — (9) St Luc, VI ; 46-49. — St Matth., VII ; 21-27).

par l'épée et maintenus par elle, où l'on adore pourtant, en grande pompe, l'image du Christ cloué sur la croix. Le Seigneur réclame de ses disciples une obéissance effective, et non de vaines génuflexions.

Jésus-Christ dit à Pilate : « Je suis Roi ; je suis né pour cela, et je suis venu dans le monde afin de rendre témoignage à la vérité. Quiconque est de la vérité écoute ma voix » (1). Il lui dit aussi : « Mon royaume n'est pas de ce monde ; s'il était de ce monde, mes serviteurs combattraient, afin que je ne fusse pas livré aux Juifs ; mais maintenant mon règne n'est point d'ici-bas » (2). Constatons encore, après ces déclarations du Sauveur, les erreurs funestes qui ont prévalu dans la chrétienté. Les uns ont voulu combattre pour Jésus-Christ, avec les armes charnelles qu'il réprouve ; les autres ont cru que, son règne n'étant pas de ce monde, ils pouvaient s'y gouverner à leur gré, sans écouter sa voix, ni se soucier de ses jugements. Le premier égarement a produit les guerres de religion et les croisades ; le second, les guerres profanes et patriotiques. Le Christ glorifié a laissé les chrétiens transgresser le Nouveau Testament, comme il avait laissé les Israélites violer la Loi mosaïque. La rébellion des esprits déchus devait se manifester sous tous les régimes avant d'être réprimée.

La gloire du Fils de Dieu, durant son incarnation, était de vaincre le monde païen, sadducéen et pharisien, par la vertu de sa foi, et l'unique secours de l'Esprit de son Père (3). Il refusait l'appui des « légions d'anges », (4) qui auraient, s'il l'eût voulu, pulvérisé ses ennemis. Jésus-Christ ouvrait la même voie à ses disciples, dans leurs relations avec les puissances de ce siècle. « Vous serez menés, leur disait-il, devant les gouverneurs et les rois, à cause de

(1) St Jean, XVIII ; 37. — (2) Ibidem, 36. — (3) St Jean, XIV ; 10. — (4) St Matth., XXVI ; 53.

moi, pour leur être en témoignage, à eux et aux nations. Mais, quand on vous livrera à eux, ne soyez point en souci comment ou de quoi vous parlerez ; car ce que vous devez dire vous sera donné à l'heure même. En effet, ce n'est pas vous qui parlerez, mais c'est l'Esprit de votre Père qui parlera en vous.... Ne craignez rien de ceux qui tuent le corps et ne peuvent tuer l'âme, mais craignez plutôt Celui qui peut perdre l'âme et le corps dans la géhenne. Deux passereaux ne se vendent-ils pas un sou ? et il n'en tombe pas un seul en terre, sans la volonté de votre Père. Quant à vous, les cheveux même de votre tête sont tous comptés ; ne craignez donc point, vous valez plus que beaucoup de passereaux. — Tout homme qui me confessera devant les hommes, moi aussi, je le confesserai devant mon Père qui est aux cieux ; mais quiconque me reniera devant les hommes, moi aussi, je le renierai devant mon Père qui est aux cieux ». (St Matth., x ; 18-33)

On confesse Jésus-Christ en marchant sur ses traces, par la foi à ses promesses ; on le renie, en préférant s'appuyer sur le bras de la chair, se servir du glaive et courtiser les grands de ce monde. L'Eglise primitive est restée fidèle à son Chef ; elle a vaincu, en son nom, toutes les puissances ennemies de l'Evangile. Mais l'Eglise du quatrième siècle a renié ses lois, afin d'acquérir « les royaumes du monde et leur gloire » (1) ; elle a pris l'empereur romain pour appui et pour guide, au lieu du Saint-Esprit. De chute en chute, elle a fini par s'accommoder aux œuvres de carnage et de rapine, dont le moyen-âge est rempli. La vraie foi n'a rien de commun avec la crédulité de ce temps-là, ni avec la confiance traditionnelle que les musulmans accordent à Mahomet, les Juifs à Jéhova, les païens à leurs fétiches. La foi vivante agit avec la charité (2) ; elle

(1) St Matth., IV ; 8-10. — St Luc, IV ; 5-8. — (2) Gal., V ; 6.

obéit au Seigneur Jésus, et le glorifie, depuis son retour vers le Père, comme le maître des cieux et de la terre (1), sans la volonté duquel nul ne peut toucher un cheveu de notre tête (2). Cette foi rejette les armes charnelles ; elle abhorre le fanatisme persécuteur et féroce, digne fils de l'Antichristianisme, qui falsifie la religion de Jésus-Christ (3).

Le Nouveau Testament abonde en prophéties du Seigneur et des apôtres concernant « l'apostasie » qui ramena les chrétiens infidèles sous le joug du mosaïsme et du paganisme, amalgamés par un nouveau pharisaïsme (4). Notre tâche actuelle n'en comporte pas l'analyse, ni celle des progrès de cette décadence. Nous exposerons seulement, au point de vue pacifique, l'état de l'Eglise chrétienne, avant et après la profonde chute qui fit passer son gouvernement aux mains des « hommes de sang et de fourbe » (5), en reculant de plusieurs siècles le règne visible du Prince de la Paix. Son règne effectif, comme juge des vivants et des morts (6), ne pouvait pas être entravé ; mais la folie de ses faux adorateurs, selon qu'il l'avait prédit, a beaucoup retardé ici-bas les glorieux effets de l'Evangile.

V

L'Eglise Primitive

L'Eglise constituée le jour de la Pentecôte, par l'effusion du Saint-Esprit, était, selon le Nouveau Testament, le véritable « royaume des cieux » des similitudes évangéliques, l'Israël de Dieu (7), composé de ses élus, le corps visible du Christ glorifié (8),

(1) St Matth., xxviii ; 18. — (2) St Luc, xxi ; 18. — (3) I. Jean, ii ; 18. — (4) II. Thess., ii ; 3. — I. Tim., iv ; 1-5. — (5) Ps., v ; 6 — cxxxix : 19. — (6) II. Tim., iv ; 1. — (7) Gal., vi ; 16. — (8) Ephés., i ; 23.

la montagne de Sion, élevée par la foi au-dessus de la terre (1). Un tel royaume n'est « ni viande ni breuvage, mais justice, paix et joie par le Saint-Esprit » (2). La mission de cette Eglise était de suivre son Maître jusqu'à la mort (3), prêchant son Evangile à « toutes les créatures qui sont sous le ciel » (4), et le confirmant, sous leurs yeux, par ses œuvres. L'Eglise de l'amour parfait n'avait « qu'un cœur et qu'une âme » (5) ; elle a eu, comme Jésus-Christ, beaucoup de disciples incomplets, hésitants, au « cœur partagé » (6), mais elle réprimait leurs dissensions, rétablissait la fraternité, et ne leur permettait jamais d'en arriver aux coups (7). C'était, en principe, la réalisation des oracles messianiques : « Il arrivera, aux derniers jours, que la montagne de la Maison de l'Eternel sera affermie au sommet des montagnes, et s'élèvera au-dessus des collines, et toutes les nations y afflueront. Des peuples nombreux viendront et diront : Venez et montons à la montagne de l'Eternel, à la Maison du Dieu de Jacob ; qu'il nous instruise de ses voies, et marchons dans ses sentiers. Car la loi sortira de Sion et la parole de l'Eternel de Jérusalem ; il sera juge entre les nations et reprendra plusieurs peuples. Ils forgeront leurs épées en hoyaux et leurs lances en serpes ; ils ne lèveront plus l'épée nation contre nation, et ils n'apprendront plus la guerre ». (Esaïe, II ; 1-4).

Les « derniers jours » des prophètes hébreux étaient d'abord ceux du mosaïsme, qui devait disparaître par la ruine de la Jérusalem terrestre et la dispersion de son peuple charnel, mais après avoir enfanté le Christ et l'Evangile. Durant cette période transitoire, les apôtres firent connaître les lois du Nouveau Testament à tous les peuples de la terre

(1) Hébr., XII ; 22. — (2) Rom., XIV ; 17. — (3) St Jean, XII ; 26. — (4) Coloss., I ; 23. — (5) Actes, IV ; 32. — (6) St Jacq., I ; 6. — (2) I. Cor., VI ; 1-9.

prophétique, en accentuant l'interdiction des envies, des jalousies, des disputes et des querelles, fruits impurs et maudits de la chair, ennemie de Dieu (1). Ils protestèrent contre tout acte de vengeance personnelle, imposant aux fidèles l'obligation de surmonter le mal par le bien, comme ils le faisaient eux-mêmes, à l'exemple de Christ (2). Ils n'excusèrent jamais le péché, l'égoïsme et l'avarice (3), tout en offrant le salut gratuit aux pécheurs repentants (4). En proscrivant l'orgueil et la malice (5), les apôtres firent tomber les armes des mains de leurs disciples, au pays d'Israël et dans toutes les contrées où ils portèrent l'Evangile (6). Les soldats qui se convertissaient sérieusement renonçaient à leur profession, car, jusqu'au quatrième siècle, l'Eglise ne leur a pas accordé le baptême. Les autres chrétiens refusaient de s'enrôler, quel que fut le motif d'un appel aux armes. Leur vocation était d'être irrépréhensibles, « brillant comme des flambeaux au milieu d'une race tortueuse et perverse » (7). Ils ne pouvaient éclairer les païens sur leur misérable état moral qu'en s'abstenant de participer à leurs « œuvres de sang » (8).

Leur joie était grande aussi de n'être plus obligés, par la Loi mosaïque, d'exercer les vengeances divines. Saint Paul écrivait aux Ephésiens : « Ce n'est pas contre la chair et le sang que nous avons à combattre, mais contre les principautés, les autorités, les dominateurs universels des ténèbres de ce siècle, et les esprits malins qui sont dans les airs ; c'est pourquoi, prenez l'armure complète de Dieu, afin que vous puissiez résister dans le mauvais jour, et après avoir tout surmonté, tenir ferme ». (Ephés. VI ; 12-13).

Déjà sous l'ancienne alliance, les vrais croyants

(1) Gal., V ; 19-24. — Rom., VIII ; 7. — (2) I. Cor., XI ; 1. — (3) Coloss., III ; 5. — (4) I. Jean, I ; 1-2. — (5) Ephés, IV ; 31. — (6) II. Cor., X ; 4. — (7) Philip., II ; 14. — (8) Ps., XVI ; 4.

s'abstenaient volontiers d'employer des moyens matériels, afin de démontrer que « l'Eternel ne délivre point par l'épée et la hallebarde ». (1) Ils disaient souvent des Gentils : « Le bras de la chair est avec eux ; leurs chevaux ne sont que chair et non pas esprit » (2). Mais ce dédain pour la force des armes, privée du secours d'en haut, ne se manifestait pas alors d'une manière permanente, tandis qu'il était devenu la règle invariable du Nouveau Testament. Les anciens Hébreux pouvaient tantôt se laisser immoler « comme des brebis destinées à la boucherie » (3) et tantôt mettre en fuite des armées ennemies, au nom de Jéhova (4) ; la même foi les animait et les rendait invincibles dans les deux cas. Les disciples du Christ n'avaient, en présence de leurs adversaires, aucune autre alternative que la fuite ou le martyre, afin de glorifier, au plus haut point, dans le monde, la puissance de la vérité. C'était la voie que le Maître leur avait tracée pour être ses « témoins à Jérusalem et jusqu'au bout de la terre ; » (5) ils n'auraient pu s'en écarter qu'au mépris de ses ordres.

En remplaçant, chez tout fidèle, la guerre charnelle par une lutte spirituelle, les apôtres n'admettaient évidemment aucun appel à la contrainte, pour imposer ou maintenir la foi chrétienne. Ils ne voulaient pas même former cette foi, au moyen des « paroles persuasives d'une sagesse humaine, mais exclusivement par une démonstration d'Esprit et de puissance » (6). A tout néophyte qui se serait avisé de préconiser l'emploi du glaive contre le judaïsme ou le paganisme, l'Église primitive aurait répondu, à peu près comme saint Pierre à Simon le magicien : Que ton épée périsse avec toi, puisque tu as cru que le don de Dieu pouvait s'imposer par la force (7).

(1) I Sam. XVII; 47. — (2) II Chron., XXXII ; 8. — Esaïe, XXXI ; 3. — (3) Ps., XLIV; 22. — (4) Héb., XI ; 34-38. — (5) Actes, I, 8. — (6) Corinth. II ; 1-5. — (7) Actes VIII ; 20.

Les chrétiens, dépouillés de leurs armes et livrés, sans défense visible, à leurs ennemis, ne redoutaient pourtant personne. Ils ne craignaient point ceux qui tuent le corps, et rien au-delà ; l'approche même du dernier supplice ne troublait pas leur tranquille sommeil (1). En paix avec Dieu et avec les hommes de bien, approuvés par leur conscience, ils ne voyaient dans la mort que la porte du Paradis, l'entrée dans la gloire où les attendait leur Sauveur (2), « la première résurrection » réservée à ses plus fidèles disciples (3). Tel était « le règne de paix et de joie » établi dans l'Eglise primitive par la vertu du Saint-Esprit. Ses membres, quelle que fut leur origine, formaient un seul corps, et prenaient un tendre soin les uns des autres (4). La vive inimitié qui séparait les Juifs des Samaritains et des Gentils avait fait place à une mutuelle charité. Les païens convertis contribuaient largement en faveur de leurs frères israélites, appauvris par la persécution (5) ; ils les reçurent à bras ouverts, quand l'imminente désolation de la Palestine obligea les chrétiens hébreux à quitter leur patrie. La fraternité régnait dans toute l'Eglise primitive ; la violence homicide y était inconnue. C'était, selon la prophétie d'Esaïe, « la montagne de la sainteté, où l'on ne nuit à personne », les bêtes féroces même, c'est-à-dire les hommes cruels, s'y trouvant domptés par l'attrait de la vérité. (Esaïe XI, 6-10.)

La guerre, abolie pour les chrétiens en vertu de l'Evangile, ne pouvait plus leur être imposée par aucune autorité humaine ; on est presque confus d'avoir à le démontrer. Lorsque saint Paul nous rappelle que le magistrat ne porte pas l'épée en vain, étant ministre de la vengeance divine contre les malfaiteurs (6), il constate ce fait universel, que Dieu se sert partout des hommes, et des bons juges en

(1) Actes, XII ; 6. — (2) Philip., III ; 21. — (3) Apoc., XX ; 5-6. — (4) I. Corinth., XII ; 12-27. — (5) II, Corinth., VIII et IX. — (6) Rom., XIII ; 1-6.

particulier, pour châtier les coupables ; cela ne signifie pas qu'Il invite les chrétiens à y coopérer activement. La plupart des partisans de la peine capitale ne voudraient pas exercer les fonctions de bourreau ; de même les vrais disciples du Christ, quand ils croient leurs semblables « dignes de mort » (1), ne veulent pourtant pas les mettre à mort, car ce que Moïse commandait souvent leur est interdit par Jésus-Christ. La prescription d'obéir aux pouvoirs établis, en respectant les gouverneurs et les rois, excluait de l'Eglise tout esprit de révolte et d'insurrection, toute velléité d'imiter, contre les pires despotes, les anciens exploits des héros d'Israël. Mais cette soumission n'impliquait aucune adhésion à l'iniquité qui viciait les lois païennes, et aucun concours effectif pour défendre, à main armée, le trône des Césars.

Dieu suscitait les empereurs romains, comme autrefois Pharaon, selon sa prescience (2) ; il marquait lui-même le moment de leur chute et les abattait, sans y employer ses enfants (3). Les païens formaient des complots et des séditions, ils fomentaient la révolte dans l'armée, pour se défaire de leurs tyrans ou prendre leur place. Les chrétiens les laissaient faire, tout en obéissant à l'ordre apostolique de « prier pour les rois et les autorités, afin de mener une vie paisible et tranquille » (4). Ils demandaient, pour leurs supérieurs terrestres, la sagesse et l'équité, qui préviennent les discordes civiles et la guerre étrangère ; si la folie l'emportait chez les chefs d'Etat, ils en déploraient les résultats, sans essayer d'y remédier par la violence.

Les apôtres savaient fort bien que la forme caduque du mosaïsme s'écroulerait devant l'Evangile (5), et que l'idolâtrie entraînerait également, dans

(1) Rom., I ; 32. — (2) Ibid., IX ; 17. St Paul n'enseignait pas une prédestination arbitraire, mais la préexistence des âmes et la prescience de Dieu. — (3) Daniel, V ; 25-28. — (4) I, Tim., II ; 1-2. — (5) Hébr., VIII ; 13.

sa chute, les institutions politiques et sociales dont elle était le pivot (1). Cette conviction ne les empêchait pas d'honorer les sacrificateurs juifs, tant que le temple subsistait, (2) et d'en appeler à César, quand des juges subalternes refusaient de les relâcher (3). Dans les deux cas, ils respectaient une fonction éphémère, sans se méprendre sur sa valeur réelle et sa durée. Mais leur interdiction absolue d'employer les armes charnelles, pour résister à l'oppression, s'appliquait à tous les oppresseurs, qu'ils fussent étrangers ou indigènes. Il vaut souvent mieux pour un peuple devenir vassal ou tributaire, que d'être maltraité et pillé par quelque tyran de sa race. C'est la « résistance au méchant » que le Seigneur avait proscrite, sans distinction de nationalité, car il ne reconnaissait, au fond, que deux nations : les fidèles, soumis à sa loi sainte, et les rebelles qui la rejetaient. Les premiers devaient céder aux autres tout ce qu'ils exigeaient d'eux, à main forte (4) ; le domaine de la conscience était seul excepté, et le jugement de Dieu toujours réservé (5).

Les apôtres dirigeaient l'Eglise primitive d'après ces principes, si fermement établis par leur Maître. Ils ne sont jamais tombés dans l'hérésie des Eglises, qui ont inculqué plus tard aux sujet une obéissance passive à leurs rois, et l'obligation de suivre leurs étendards. Les Césars exerçaient un pouvoir effectif, mais illégitime, comme tout ce qui résulte ici bas de la violence. Dieu s'en servait pour maintenir un certain ordre temporaire dans l'empire romain, en y réprimant beaucoup d'actes criminels (6) ; et les apôtres constataient nettement ce rôle providentiel des magistrats, sans insister sur leur inconduite privée ou leurs arrêts iniques. Eux-mêmes ne pouvaient

(1) I, Cor., xv ; 24-25. — (2) Actes, xxiii ; 1-5. — (3) Actes, xxv ; 11-12. — (4) St Jacques, v ; 6. — (5) Rom., xii ; 19-21. — (6) I, Pierre ii ; 13-14.

figurer, ni parmi les conseillers intimes de Tibère et de Néron, ni dans les rangs de leurs prétoriens ; leurs vrais disciples non plus, vu l'unité du « corps de Christ » (1) animé tout entier de son esprit.

L'Eglise primitive ne distinguait pas entre « Grecs et Juifs, circoncis et incirconcis, Barbares, Scythes, esclaves ou libres » ; (2) elle voyait, dans tous ses membres, des rachetés du Sauveur, régénérés par sa grâce, et appelés à « s'aimer les uns les autres d'un cœur pur et d'une grande affection » (3). Les chefs de cette Eglise universelle, remplis de foi et du Saint-Esprit, avaient abjuré les préjugés nationaux, les haines de caste, les convoitises terrestres (4). La charité de Christ les pressait d'amener leurs semblables à la même réconciliation avec Dieu, afin de posséder sa paix et de vivre en paix avec tous (5). Haïs par les représentants officiels du mosaïsme, maltraités, à leur instigation, par les gouverneurs romains, regardés comme les « balayures du monde et le rebut de toute la terre », les premiers chrétiens suivaient leur Maître, chargés de leur croix (6). Leurs conducteurs périssaient, de mort violente, en priant pour leurs bourreaux (7), mais le sang des martyrs était la semence de l'Eglise pure, qui ne portait pas en vain le nom d'épouse de Christ, auquel elle enfantait, avec douleur, une nombreuse postérité (8).

On a voulu faire, de cet âge héroïque, une rare exception, un modèle inimitable ; il a pourtant duré quarante ans, depuis la crucifixion de Jésus-Christ, l'an 33 de notre ère, jusqu'à la ruine de Jérusalem, en l'an 70. Tout le Nouveau Testament, sauf l'évangile de Saint Jean, a été écrit durant cette période, non pas a titre d'exception, mais de règle immuable de la foi. « Jésus-Christ est toujours le même, hier, aujourd'hui, éternellement » (9) ; son Esprit n'a rien

(1) Coloss., II, 19. — (2) Ibid., III ; 11. — (3) I, Pierre, I ; 22. — (4) II, Cor, V ; 16. — (5) Ibid., V ; 14-21. — (6) I Cor. IV ; 13 — St Matth., XVI ; 24. — (7) Actes, VII ; 60. — (8) Gal., IV ; 26. — Apoc., XII ; 1-2. — (9) Hébr., XIII ; 8.

perdu de sa puissance ; mais il y a des époques où il permet aux rebelles de suivre leur propre chemin (1), parce qu'ils préfèrent des fables à la vérité (2). Israël a connu ces temps de torpeur et d'illusion ; l'Église terrestre n'en a pas été exempte, après la mort de ses premiers chefs (3). Les apôtres l'avaient prévu ; ils savaient que leurs troupeaux, ravagés par « des loups redoutables » (4), s'égareraient en cherchant la sainteté dans le célibat, les abstinences et les douleurs corporelles (5), au lieu de l'amour pur, qui est la vie éternelle (6). Ils savaient que l'orgueil humain, froissé par le salut tout gratuit, accompli en Christ, prendrait sa revanche dans les souffrances volontaires qu'il ajouterait à la croix (7), au détriment de l'Evangile (8).

Leur vieillesse fut attristée par les prodromes de cette défection, et le nombre croissant des séducteurs qui « prêchaient Christ avec un esprit de contention » (9). Mais, tout en s'affligeant du succès de leurs artifices, les serviteurs de Dieu se réjouissaient de l'avènement du Seigneur (10), qui allait renverser les types lévitiques, abolir le mosaïsme, par la ruine de Jérusalem, et « faire toutes choses nouvelles » (11). Dans son royaume spirituel, c'est la charité qui est le « lien de la perfection » ; elle peut tout remplacer et rien ne la remplace (12).

L'apôtre saint Jean nous le confirme dans ses épîtres, et dans son admirable évangile, œuvre de sa vieillesse et clef de voûte du Nouveau Testament (13). La neutralité de l'Église primitive, durant la guerre des Juifs contre les Romains, atteste aussi combien son détachement des traditions judaïques l'éloignait des querelles humaines. L'amour du prochain, dont

(1) Actes, XIV ; 16. — (2) II Tim., IV ; 4. — (3) St Matth., XXV ; 1-5. — (4) Actes, XX ; 29. — (5) I Tim., IV ; 1-5. — (6) I Cor., XIII ; 8. — (7) Coloss., II ; 16-23. — (8) I Cor., XIII ; 3. — (9) II Thess : II ; 7. — Philip., I ; 15. — (10) St Jacques, V ; 8. — Hébr., X ; 37. — I Jean, II ; 18. — Apoc., I ; 7. — (11) Apoc., XXI ; 5. — (12) Coloss., III ; 14. — (13) I Jean, IV ; 7. — St Jean, XVII ; 26.

elle faisait profession, était universel ; venant de Dieu même, il embrassait tous les peuples, sans pactiser avec leurs inimitiés nationales. L'Eglise fidèle priait pour « le monde plongé dans le mal » et s'abstenait de ses œuvres, sachant qu'il n'y a « point d'accord entre Christ et Bélial » (1), entre l'amour pur et la haine. Elle identifiait la vérité avec la charité (2), ne séparant jamais ces deux vertus unies en Dieu ; aussi a-t-elle laissé, à tous les âges, un modèle dont l'imitation fait le bonheur des vraïs croyants, tandis qu'il condamne tous les transgresseurs de la loi évangélique (3).

Jésus-Christ avait interdit l'usage des armes dès le début de son ministère public ; c'était indispensable, afin d'établir le Nouveau Testament par la seule vertu de sa croix. Les autres types mosaïques furent ensuite abrogés, d'abord pour les Gentils convertis, solennellement affranchis de la circoncision (4), et plus tard pour les chrétiens israélites, par la désolation de la Palestine et la ruine de Jérusalem, ce glorieux « avènement du Seigneur », qui confirma toutes ses prédictions (5). Les symboles les plus utiles à l'Eglise entière, tels que les guérisons et miracles corporels, prirent fin après l'incendie du Temple. Dès lors, les chrétiens ne pouvaient plus s'attendre à battre leurs ennemis avec le secours des anges. Leur abstention de toute résistance matérielle ne dépendait, du reste, nullement de leur état de petite minorité. Les héros d'Israël, seuls, ou en faible compagnie, ont autrefois mis en fuite des armées nombreuses ; les croyants en feraient autant, sous la nouvelle alliance, si Dieu le leur permettait. Leur révolte contre les ignobles détenteurs du pouvoir impérial, qui jetaient les chrétiens en pâture aux

(1) II Cor., VI ; 15. — (2) Ephés., IV ; 15. — I Jean, II, 10. — (3) St Matth., XXV ; 41-46. — (4) Actes, XV ; 22-29. — (5) V. St Matth., XXIV ; St Marc, XIII ; St Luc, XXI. L'Ancien Testament compare le souverain sacrificateur au « soleil », et ses auxiliaires du culte lévitique aux « étoiles ». Joël, II ; 10-III ; 15.

bêtes du cirque, aurait été, dans tous les cas, beaucoup plus excusable que des meurtres commis par ordre de quelque Néron sur une foule d'étrangers ou de frères inconnus.

La ruine de Jérusalem fut la fin de l'ancien monde religieux ; elle laissa la société gréco-romaine divisée, à l'égard de la guerre, en trois parties bien distinctes. Les Juifs avaient été écrasés, en invoquant Jéhova, dont ils attendirent en vain les anges de salut, promis par de faux prophètes, jusqu'au moment où le lieu très-saint s'abîma dans les flammes. Il ne subsista rien de la création mosaïque, si ce n'est les débris d'un peuple dispersé dans le monde entier, pour y attester les jugements de Dieu. Les Israélites, qui avaient méconnu le Messie, luttèrent en vain contre Vespasien et Titus, au nom de leur indépendance nationale ; les maximes de légitime défense reçurent de la seconde ruine de leur patrie, comme de la première, un éclatant démenti. L'Ancien Testament cessa forcément d'être pratiqué par ceux qui lui restaient attachés, et la lettre qui tue fit place pour les autres à l'Esprit vivifiant (1).

Les chrétiens, fidèles aux ordres du Christ, n'avaient pris les armes ni pour réaliser ses oracles ni pour entraver leur exécution. Ceux de Palestine s'étaient enfuis aux montagnes (2) ou retirés à Pella, en Pérée, au delà du Jourdain ; ceux de la Gentilité assistèrent de loin aux terribles effets de la vengeance divine. Les païens seuls en furent les ministres visibles, après avoir été, durant quarante ans (3), les complices des Juifs persécuteurs. Le Christ glorifié avait rompu l'alliance de l'Eglise judaïque et de l'Empire romain, coalisés pour le mettre à mort, lui et son Eglise primitive (4). Il avait brisé « les pieds de fer et d'argile » du colosse, contemplé jadis

(1) II Corinth., III ; 6. — (2) St Matth., XXIV ; 16. — (3) Depuis la décapitation de Jean-Baptiste, vers l'an 26, jusqu'à celle de saint Paul, l'an 65. — (4) Actes, IV ; 27.

par Nébucadnetzar, dans un songe célèbre, image saisissante de l'homme pécheur, qui s'élève contre Dieu par la ruse et la force (1). L'astuce sacerdotale, souple comme l'argile, et l'autorité militaire, pareille au fer, s'allient sans se confondre, elles ont toujours formé « les pieds », ou la base, des royaumes terrestres. Jéhova a détruit leur empire dans le passé, il agira de même envers ceux qui essaient d'en restaurer les débris.

Après Nébucadnetzar, les Chaldéens, Médo-Perses, Grecs et Romains, conquérants successifs de la Terre Sainte, ont eu leurs forteresses rasées, leurs armées englouties, les sépulcres de leurs rois profanés, et leurs momies exposées dans nos musées, avec les marbres ou les briques de leurs palais. Leur histoire n'a pas encore ouvert les yeux des peuples modernes ; eux aussi travaillent, par la ruse et la force, à fonder des empires de longue durée ; ils se flattent d'y mieux réussir que leurs devanciers, en suivant les mêmes voies avec d'autres moyens ; et ils invoquent le secours de l'Eternel, tandis qu'il prépare le renversement de leur œuvre, semblable à la tour de Babel, afin qu'elle devienne aussi « comme la balle des aires d'été, que le vent enlève et dissipe » (2). La ruse et la force ne prévaudront pas contre Dieu ; il établira, malgré l'opposition des hommes, le règne de l'amour pur, dont ils renient les lois : tel est le sens final des prophéties de cet Ancien Testament, que l'on voudrait exploiter pour renverser le Nouveau. Jésus Christ les avait comprises, lorsqu'il s'écriait : « Que celui qui les lit y fasse attention ! » (3)

Les premiers chrétiens savaient que les ennemis de leur divin Maître, avérés ou cachés, seraient un jour « réduits à lui servir de marchepied », (4) et que

(1) Daniel, II ; 31-45. — (2) Ibid., II ; 35. — (3) St Matth., XXIV ; 15. — St Marc, XIII ; 14. — (4) Hébr., I ; 13.

son règne de justice couvrirait le monde entier (1). Mais leur collaboration personnelle à son avènement se réduisait à imiter sans cesse l'exemple que leur avait donné le Fils de l'homme « venu en chair » (2). Ce champ d'activité était immense, il suffisait à leur vie terrestre, dont il dépassait les bornes ; pour en détourner l'Eglise chrétienne et l'entraîner aux plus horribles barbaries, sous prétexte d'affermir le règne du Christ, il fallait une véritable apostasie.

VI

L'Empire Romain

Durant les trois premiers siècles de notre ère, la violence, les persécutions, la guerre civile et la guerre étrangère, furent l'œuvre exclusive des contempteurs de Jésus-Christ. Jusqu'à leur révolte contre les Romains, les Juifs avaient tourmenté l'Eglise, avec la connivence des magistrats impériaux (3). Plus tard, les païens seuls la persécutèrent, tantôt pour des motifs politiques, tantôt par fanatisme. Les apologistes chrétiens revendiquaient alors énergiquement la liberté de conscience et l'égalité naturelle des hommes (4), tout en déclarant que leurs frères ne pouvaient participer à aucune guerre, étant inoffensifs envers les étrangers comme envers leurs concitoyens. Origène dit, en effet, dans son Traité contre Celse : (5) « Nous ne prenons plus l'épée contre aucune nation et nous n'exerçons plus le métier des armes ; nous sommes devenus, pour l'amour de Jésus, des enfants de paix ». Origène affirme ailleurs que les

(1) Esaïe, XI, 9.— (2) I Jean, IV ; 2. —St Jean, XIII, 15. — (3) Actes, XII ; 1-3. — XVII ; 8. — XXIV ; 27. — XXV ; 24. (4) — V. tous les Pères de l'Eglise des trois premiers siècles. — (5) L'an 245. Livre XV ; 33.

chrétiens sont les meilleurs de tous les sujets, parce qu'ils prient pour leur prince. « De cette manière, ajoute-t il, nous combattons beaucoup pour lui, mais nous ne prenons point part à ses guerres, *même lorsqu'il veut nous y contraindre* » (1). Des déclarations analogues se lisent dans Justin (2), Irénée (3) et Tertullien (4), attestant hautement l'incompatibilité entre la liberté religieuse et le militarisme qui a toujours été, sous tous les régimes, un instrument d'oppression.

La Constitution de l'Eglise d'Egypte appliquait ces principes, en excluant les militaires du catéchuménat (5) ; elle excommuniait les chrétiens qui s'enrôlaient volontairement (6), et ne se montrait plus indulgente qu'envers ceux que l'Etat contraignait à porter les armes (7). Cette concession à la nécessité atténuait déjà la loi évangélique, qui n'autorise pas les croyants à commettre, par contrainte, des actes contraires à leur conscience. Il y avait donc, au troisième siècle, des soldats néophytes, fréquentant le culte public ; mais ils ne participaient pas aux sacrements, et ne recevaient le baptême qu'après avoir quitté l'armée ; l'empereur Constantin lui-même ne le reçut qu'à son lit de mort (8). Origène parlait, de son temps, au nom des chrétiens baptisés, membres effectifs de l'Eglise. Son témoignage est confirmé par tous les écrivains ecclésiastiques de la même époque, également partisans de la paix et du libre arbitre.

Pour comprendre, après de pareils antécédents, les persécutions dont les ariens et les orthodoxes se rendirent coupables, au quatrième siècle, malgré le Nouveau Testament, l'exemple des apôtres et le martyre, que tant de chrétiens avaient enduré, il

(1) Livre VIII ; 73. — (2) L'an 140. Apogie I, 39. — (3) L'an 180. « Contre les hérésies ». Livre IV, 34. — (4) L'an 210. « De la Couronne Militaire », chap. II. — « De l'Idolâtrie », chap. XIX. — (5) Const. Eccl. Egypt. II, 41. — (6) Ibidem. — (7) Ibidem. — (8) V. A. de Broglie. L'Eglise et l'Empire romain au IVe siècle. 2^d vol. p. 370.

faut bien saisir le rapport intime de l'intolérance religieuse avec l'ascétisme oriental qui corrompit l'Église. Beaucoup d'inquisiteurs ont été des moines fanatiques et austères, impitoyables envers leur propre corps et par conséquent envers celui des hérétiques. Croyant se sauver, ou se sanctifier, au moyen de souffrances physiques, ils infligeaient aussi des tourments aux autres, pour leur faire abjurer l'erreur. Si les chefs leur résistaient, ils voulaient au moins ramener leurs disciples à l'orthodoxie par une terreur salutaire. Ce système est logique, dès que l'on prétend substituer des mortifications à l'action du Saint-Esprit, qui peut seul donner la foi à un être immortel et libre, avec la vraie charité. Dieu étant éliminé, l'homme prend sa place, pour se sauver lui-même et convertir les autres, à force de flagellations. Le même désir de salut par les œuvres l'entraîne aussi à « courir la terre et la mer, pour faire des prosélytes » (1), à sacrifier « ses biens pour la nourriture des pauvres », et sa santé au service des malades (2), etc. L'ascétisme antichrétien a joint toutes ces vertus à l'approbation des plus horribles persécutions religieuses et des guerres les plus cruelles. Il a surpassé, en atrocités de tout genre, les bramines et les fakirs hindous, les sectateurs de Baal et de Moloc, tout en égalant les renoncements des boudhistes.

Quand l'empereur Constantin mit son armée au service de l'intolérance soi-disant chrétienne, tous les ascètes du temps applaudirent ; le renversement du salut gratuit, commencé par eux, était achevé. La foi fut dès lors imposée à coups de décrets impériaux, alternativement au profit des orthodoxes et des ariens. Ces chrétiens impies s'infligèrent les uns aux autres les avanies et les tortures païennes dont ils étaient à peine délivrés. Bientôt des batailles rangées, pour cause dogmatique, attestèrent le triomphe

(1) St Matth., XXIII, 15. — (2) I Cor., XIII, 1-3.

complet de l'Antichristianisme sur la religion de l'Eglise primitive (1). Elle cherchait la sainteté dans l'« amour qui procède d'un cœur pur, d'une bonne conscience et d'une foi sans hypocrisie » (2). Cette sainteté ne mutilait pas la création de Dieu : elle s'accordait avec les joies de la famille, car tous les apôtres étaient mariés, excepté Paul et Barnabas, que leur vocation missionnaire éloignait du foyer domestique (3). L'Eglise déchue glorifia les farouches solitaires, exténués par le jeûne dans leurs cavernes, tandis que le Seigneur appelle ses serviteurs à prêcher l'Evangile, mangeant et buvant librement, avec sobriété et reconnaissance (4) ; « car tout ce que Dieu a créé est bon, et rien n'est à rejeter, pourvu qu'on en use avec actions de grâces » (5).

L'inhumanité des cénobites et anachorètes, qui se torturaient eux-mêmes, a engendré celle des moines inquisiteurs, qui ont torturé les hérétiques et massacré les Juifs. Leur fausse sainteté a posé le fondement de la domination du Saint-Siège, instigateur ou complice de toutes les guerres, de toutes les oppressions et de tous les excès sanguinaires du moyen-âge. La papauté a été, en effet, la clef de voûte de la fausse unité, résultant de la compression des consciences, au lieu du libre consentement des hommes régénérés (6). Cette unité charnelle s'est établie avec l'aide des « saints », qui remplissent le calendrier catholique romain, et que l'Eglise a canonisés, à cause de leurs mortifications, au lieu des justes de l'Ancien Testament. Ceux-ci étaient mariés, ils mangeaient de la viande, ne se flagellaient pas, et ne se laissaient point dévorer par la vermine, à l'exemple de saint Labre. Leur sainteté a été par conséquent jugée insuffisante pour leur élever des autels, et réclamer leur intercession auprès de Dieu. Mais

(1) Les évêques des deux partis étaient intronisés, tantôt par l'émeute et tantôt par les soldats des princes ariens ou orthodoxes. — (2) I Tim., I, 5. — (3) I Cor., IX ; 4-6. — (4) St-Matth., XI ; 19, — St Luc, X ; 8. — (5) I Tim., IV ; 4. — (6) I Cor., X ; 15.

l'autre sainteté, étrangère aux deux Testaments, a été adorée par les peuples chrétiens (1), en leur infligeant, comme châtiment de leur idolâtrie, tous les fléaux de la tyrannie et de l'intolérance (2), qui disparaissent à mesure que le culte des faux saints s'évanouit.

La conversion de l'empereur Constantin provoqua le revirement inouï dans lequel la liberté de conscience et les principes pacifiques de l'Evangile sombrèrent ensemble. L'Eglise déchue les renia, malgré leur confession trois fois séculaire, et ses véhémentes apologies du libre arbitre. L'ascétisme et le formalisme avaient déjà produit de tels ravages dans son sein que la défection, parmi ses chefs, fut presque unanime : aucun d'eux ne paraît avoir défendu l'antique discipline et la doctrine des apôtres. Le pacte avec l'Empire se conclut au concile d'Arles (l'an 314) qui récompensa Constantin de ses rigueurs contre les dissidents africains, nommés Donatistes, en rédigeant ainsi son troisième canon : « Les soldats qui quitteront les armes, durant la paix, seront privés de la communion » (3). Le service militaire, ci-devant considéré comme une souillure, devint alors obligatoire, au profit d'un prince que sa profession de piété n'empêcha pas de vivre en païen, et de faire périr sa propre famille (4).

Les chrétiens baptisés offrirent dès lors à l'univers le hideux spectacle que les néophytes seuls lui avaient d'abord présenté. Tandis que des missionnaires, franchissant les limites de l'Empire, portaient l'Evangile aux Barbares, d'autres chrétiens les assaillaient avec le fer et le feu. Les premiers rivalisaient de patience et d'abnégation, ils supportaient les insultes et enduraient même les supplices, afin d'amener ces peuples ignorants au christianisme. Les

(1) II Thess., II; 4. — (2) Apoc., XIII, 11-18. — (3) A. de Broglie. L'Eglise et l'Empire romain; 5me édition, 1er vol., p. 287. — (4) Ibid. 2d vol., p. 103-113.

seconds incendiaient leurs demeures, passaient au fil de l'épée les hommes valides, et emmenaient en esclavage les femmes et les enfants. Cependant ils professaient tous la même religion ; mais les soldats, avec l'approbation des moines, plaçaient le service de César avant celui de Jésus-Christ. C'étaient des « laïques », au nouveau sens adapté par le clergé à ses règles nouvelles. L'Eglise primitive avait, il est vrai, des membres consacrés au ministère de la Parole ; mais elle imposait à tous les mêmes obligations morales et ne souffrait pas qu'aucun de ses enfants, agissant en profane, violât « la loi royale » de la charité (1). L'Eglise pharisienne, plus complaisante envers le « Dieu de ce siècle » (2), établit deux classes de fidèles qui, suivant qu'ils avaient reçu tel ou tel sacrement, se trouvaient obligés, les uns de verser le sang et les autres de s'en abstenir. L'ordination cléricale maintint, depuis Constantin, la démarcation que le baptême n'indiquait plus.

« Il est avec l'enfer des accommodements ».

Au concile d'Arles, le pacte des deux pouvoirs avait été presque tacite ; on s'était entendu à demimot, les évêques catholiques désirant aussi vivement la répression militaire de la dissidence, que l'empereur le maintien de son trône. Le concile de Nicée (l'an 325) scella ce contrat d'iniquité, grâce à la sanction que donna Constantin aux décisions de la majorité orthodoxe, en condamnant Arius à l'exil, ses livres au feu, et ceux qui les garderaient au dernier supplice. Le concile approuva ces mesures odieuses, en écrivant à l'église d'Alexandrie : « Ce qui a été fait contre cet homme, vous le saurez ou vous l'apprendrez ; ce n'est point à nous à insulter à un malheureux, *qui expie son crime par un juste châtiment* » (3). Bien loin d'éclairer l'empereur néo-

(1) St Jacques, II, 8. — (2) II Cor., IV, 4. — (3) A. de Broglie, L'Eglise et l'Empire, 2d vol., p. 43.

phyte sur le vrai caractère de l'Evangile, et de lui montrer qu'il outrageait Christ, en prétendant le servir, l'Eglise catholique l'affermit dans ses pensées ténébreuses. Elle s'unit ainsi, sans retour, à la puissance du glaive, afin de gouverner et d'exploiter le genre humain. Ses chefs fournirent des soldats à l'empereur, à condition de les employer contre tous les dissidents. Mais bientôt le gouvernement impérial changea de parti, en favorisant les ariens, ou rationalistes, au détriment des orthodoxes, dont les évêques, emprisonnés, expulsés ou exilés, subirent à leur tour la peine du talion. La Bible, qu'ils comprenaient si mal, les en avait avertis d'avance, en ces termes : « Si quelqu'un a des oreilles, qu'il entende : Quiconque mène en captivité, ira lui-même en captivité ; quiconque tue avec l'épée, sera tué avec l'épée. Ici est la patience et la foi des saints ». (Apoc., XIII, v. 9-10).

L'Eglise primitive avait disparu ; à sa place s'élevait une Eglise altière, appuyée sur le glaive des empereurs, mais déchirée par des factions, qui rivalisaient de fourberie et de bassesse pour capter la faveur impériale (1). Elle bâtissait de superbes basiliques ; elle habitait le palais des rois (2) et rêvait d'embrasser le monde entier, avec ses vices et ses crimes. Les païens, en effet, se convertissaient rapidement, sous le coup des édits de Constantin, Constance et Théodose, qui, de proscripteurs, les avaient réduits à l'état de proscrits. Les campagnes résistèrent plus longtemps que les villes ; mais, finalement, le vaste giron du catholicisme absorba tous les peuples de l'empire. Toutefois, aucun changement réel, aucune conversion, au sens évangélique, n'avait eu lieu dans la masse, et les convoitises

(1) L'Eglise et l'Empire, 2d vol., p. 321-363. Les historiens catholiques s'efforcent de rendre les Ariens ou Eusébiens seuls responsables de ces intrigues : mais il est certain que les deux partis y avaient recours, employant, tour à tour, la ruse et la violence contre leurs adversaires.
(2) St Matth., ii ; 8.

païennes continuaient à dominer, avec la même intensité, le monde appelé chrétien, remplissant le cœur des rois, des sujets et des prêtres. Voilà pourquoi le triomphe apparent du Nouveau Testament et l'adoration publique de Jésus-Christ, n'établirent pas la liberté de conscience, et ne supprimèrent ni les plus affreuses tragédies dans les familles royales, ni les tueries entre bons catholiques, ni les guerres civiles, ni la guerre étrangère. Le clergé se contentait, en général, de n'y point participer directement, même lorsque les « laïques » avaient pris les armes à son appel. C'était un reste de pudeur, mais une grave inconséquence, car l'Ancien Testament ordonnait aux sacrificateurs de marcher en tête de l'armée israélite (1), et le Nouveau interdit l'homicide à tous les fidèles, membres du corps de Christ (2). Il ne connaît point de caste lévitique, et n'a pour tous qu'une morale ; chacun doit coopérer aux actes de justice qu'il approuve et conseille aux autres (3). L'évêque du moyen-âge, qui assommait ses adversaires avec un maillet, pour ne pas verser leur sang, est un type de l'hypocrisie cléricale, appliquant l'antique adage : « *Ecclesia abhorret sanguinem* ».

Les velléités de contrainte matérielle s'étaient officiellement manifestées dans l'Eglise catholique, dès l'année 275, par la démarche des évêques orthodoxes d'Asie-Mineure, auprès de l'empereur païen Aurélien, pour obtenir que l'évêque unitaire Paul de Samosate, fut banni d'Antioche. Si Aurélien y avait consenti, la persécution entre chrétiens aurait commencé, quarante ans avant le concile d'Arles, en plein régime païen. Après l'avoir sollicitée contre les hérétiques, les évêques orthodoxes l'exercèrent bientôt envers leurs propres collègues. Lors de l'élection du pape Damase (l'an 366), il y eut 137 per-

(1) Josué, III; 11-17-VI, 4-13. Nombres, XXXI, 6. — (2) I Cor., VI, 15. — (3) Philip, III, 17.

sonnes tuées dans la basilique Libérienne, où s'étaient rassemblés les partisans de son concurrent, le diacre Ursinus (1). Saint Jean Chrysostome, patriarche de Constantinople, fut déposé deux fois de sa charge et périt misérablement en exil, l'an 407, grâce aux intrigues de son collègue Théophile, le patriarche orthodoxe d'Alexandrie. Les instruments de torture, dont les faux chrétiens du même genre se servaient contre leurs frères, furent présentés au concile de Sardique, l'an 343 (2).

L'évêque espagnol Priscillien fut décapité, l'an 384, avec plusieurs de ses amis, suspects de mœurs légères plutôt que d'hérésie ; ses confrères orthodoxes avaient provoqué sa condamnation ; ils restèrent dans la communion de leur Eglise (3). De même le patriarche saint Cyrille, successeur de Théophile à Alexandrie, ne fut nullement puni, ni censuré, quand il organisa le massacre, en trahison, de toute la colonie juive de son diocèse (4). La perte de ses habitants les plus industrieux et de ses négociants les plus actifs ruina la ville d'Alexandrie, mais le fanatisme se réjouit d'avoir « vengé le sang de Jésus-Christ! » Les dignitaires de l'Eglise étaient d'ailleurs à peu près sûrs de l'impunité de pareils crimes. L'empereur Théodose, quoique catholique fervent, avait voulu réprimer, quelques années auparavant (en 388), l'incendie de la synagogue de Callinique, ordonné par l'évêque du lieu, et allumé par ses moines, en le condamnant très justement à rétablir l'édifice de ses deniers. Mais saint Ambroise, évêque de Milan, mécontent de cet acte d'équité, poursuivit l'empereur de ses censures publiques, jusqu'à ce qu'il l'eût contraint à révoquer sa sentence, comme injurieuse envers le sacerdoce. La chapelle des dis-

(1) A. de Broglie. L'Eglise et l'Empire, 5me vol., p. 38. Les Ursiniens vaincus ont été diffamés par les vainqueurs : les deux partis se valaient moralement. — (2) Ibid., 3me vol., p. 67. — (3) Ibid, 6me vol., p. 202-213. — (4) V. Amédée Thierry. Trois ministres de l'Empire Romain sous les Fils de Théodose.

sidents, nommés Valentiniens, avait été brûlée, en même temps que la synagogue ; l'intention de Théodose était de les indemniser : l'intervention de saint Ambroise l'en empêcha, et consomma leur spoliation (1). De pires violences, exercées contre les Donatistes, reçurent l'approbation de saint Augustin, qui en célébra l'heureux effet dans leur retour au catholicisme (2). La maxime jésuitique : « La fin justifie les moyens », a toujours été celle de l'Eglise déchue. On voyait, par conséquent, les évêques les plus estimés, tels que saint Martin de Tours, marcher à la tête de leurs troupeaux, pour démolir, à main forte, les temples païens (3).

Rappelons encore, pour attester le triomphe éhonté de la force en matière de foi et de gouvernement ecclésiastique, le célèbre concile œcuménique, connu sous le nom de Brigandage d'Ephèse (l'an 449). Dioscore, patriarche d'Alexandrie, y fit sanctionner l'hérésie monophysite, et déposer son adversaire Flavien, patriarche de Constantinople, grâce à la pression exercée par la soldatesque et les moines armés du bandit Barsumas. Avec leur aide, et assisté de son diacre Pierre Mongus (qui devint lui-même plus tard patriarche d'Alexandrie), il jeta ensuite Flavien par terre, le piétina et le maltraita si fort qu'il en mourut trois jours après. Dioscore aurait joui en paix de sa victoire et de ses scandaleuses

(1) L'Eglise et l'Empire, 6e vol., p. 246-254. — (2) Saint Augustin exalte aussi, dans sa « Cité de Dieu », le sac de Rome par Alaric (l'an 410), comme un terrible jugement tombé sur les païens. Il savait pourtant, par les nombreux fugitifs arrivés dans sa province, que toute la population avait subi le massacre, le viol et le pillage des Goths, récemment « convertis » au faux christianisme de leur temps. Ils n'avaient épargné qu'un certain nombre de chrétiens, réfugiés dans deux églises, avec des païens. Le parti pris du théologien dénaturait donc des faits notoires, comme celui de l'évêque l'aveuglait à l'égard des brebis que la verge des magistrats impériaux ramenait à son bercail. Tout en approuvant ou déguisant les plus tristes abus de la force, saint Augustin confessait lui-même, avec contrition, un vol de poires commis dans son enfance (V. ses Confessions). Tant il est vrai que le formalisme égare des hommes éminents, jusqu'à « filtrer le moucheron en avalant le chameau ». (St Matth., XXIII, 24).

(3) L'Eglise et l'Empire, 6e vol., p. 199.

rapines, continuant à pressurer l'Egypte et à piller le bien des pauvres, si son protecteur Théodose II, appui du parti eutychéen, n'était pas mort l'année suivante, d'une chute de cheval. Sa sœur Pulchérie, plus orthodoxe que lui, convoqua le concile de Chalcédoine (l'an 451), qui annula les actes de celui d'Ephèse, en déposant Dioscore (1). Les catholiques exercèrent alors, à leur tour, sur les eutychéens, les brutales persécutions dont ils avaient tant souffert et gémi sous le règne précédent. Leurs clameurs, contre l'emploi du bras séculier en faveur des hérétiques, dénotent leur oubli complet du principe évangélique : « Tout ce que vous voulez que les hommes vous fassent, vous aussi faites-le leur de même ».

La contrainte, en matière de foi, était devenue, et elle est restée, la règle constante de l'Eglise catholique. Elle ne renonce à l'exercer qu'à défaut de l'appui du pouvoir civil ; mais en l'appliquant à la religion, elle perd le droit de s'y opposer en politique. Toutes les guerres des peuples chrétiens proviennent de cette substitution des coutumes impies du paganisme à celles de la primitive Eglise. La liberté religieuse est la base des libertés civiles dont aucune ne subsiste sans elle. En la refusant aux dissidents, l'Eglise catholique violait, à la fois, le droit naturel, si souvent invoqué par elle, sous le régime païen, et le droit divin du Nouveau Testament, confié à un « peuple de franche volonté » (2) ;

(1) « Cyrille avait succédé à Théophile, Dioscore à Cyrille : mais c'était toujours la même âme dans des personnages différents, le même esprit de discorde, de domination, de violence, les mêmes instincts de cruauté et d'avarice. S'il y avait quelque dissemblance entre eux, c'est que Dioscore surpassait ses prédécesseurs en méchanceté ». — Ces judicieuses réflexions d'Amédée Thierry, dans ses « Récits de l'histoire romaine au ve siècle », n'empêchent pas l'Eglise catholique d'honorer ce trio de malfaiteurs, en célébrant, le 9 juillet, la fête de saint Cyrille, neveu de Théophile et patron de Dioscore, dont il avait préparé l'élection.

(2) Ps. cx : 3. « Tenez-vous donc fermes dans la liberté, par laquelle Christ nous a affranchis, et ne vous remettez pas sous le joug de la servitude » (Gal. v, 1). « Parlez et agissez, comme devant être jugés par la loi de la liberté ». Quiconque s'abaisse pour considérer cette loi parfaite, et lui obéir, sera bienheureux. (St Jacques, II,12. — I, 25). L'Esprit le fait entrer dans la « liberté glorieuse des enfants de Dieu » (Rom., VIII, 21).

elle vouait, en outre, ses ouailles aux guerres perpétuelles et aux orgies de meurtre, qui ont désolé l'Europe. Le despotisme a toujours été belliqueux, il se fonde et se maintient par la force ; quiconque l'exerce, en matière religieuse, le sanctionne en matière civile, car il n'existe aucun motif de mieux respecter les biens et la vie du prochain, que sa conscience et sa liberté morale. Après avoir violenté leurs concitoyens, les orthodoxes en viennent à mépriser les étrangers, dont les mœurs ou la foi diffèrent des leurs ; ils ne veulent bientôt plus supporter la contradiction, même au-delà de leurs frontières, et ils tâchent d'y implanter violemment le despotisme établi chez eux. Les inimitiés nationales, que l'Evangile avait exclues de la primitive Eglise, se joignent alors aux querelles dogmatiques pour troubler la paix, et les peuples chrétiens se battent, avec fureur, au nom de Jésus-Christ, tandis que son Esprit intercède pour eux tous, en disant : « Père, pardonne-leur, car ils ne savent pas ce qu'ils font ! » (St Luc, XXIII, 34).

L'avenir des peuples à demi sauvage, qui envahirent l'Empire romain au cinquième siècle, dépendait entièrement de la doctrine religieuse qu'ils embrasseraient. Celle des apôtres les aurait conduits à la paix, par une vraie conversion (1), celle de l'Eglise, orthodoxe et arienne, leur ouvrit la route de la violence, qu'ils n'étaient que trop disposés à suivre. En pénétrant dans l'Empire, où les biens et la vie des dissidents se trouvaient à la merci du clergé et des favoris de la cour impériale, les Barbares adoptèrent aisément sa religion officielle. Elle s'accordait, sans peine, avec leurs instincts d'iniquité, l'Eglise étant prête à bénir leurs armes, à condition d'avoir sa part du butin. L'alliance du glaive et de l'autel continua donc, au profit récipro-

(1) St Jacq., III, 18. — I St Pierre, III, 11.

que des conquérants étrangers et des prêtres romains. Les dons faits au clergé séculier et aux monastères valaient aux guerriers les plus sanguinaires l'absolution de leurs meurtres. Clovis, roi des Francs, en commit davantage après son baptême qu'auparavant, sans perdre la communion orthodoxe ; mais sa postérité en porta la peine : elle périt, à son tour, par l'épée, et demeura finalement exclue du trône, édifié sur tant de crimes. Le même sort atteint, de siècle en siècle, tous les conquérants et spoliateurs ; l'injustice leur rapporte des remords, et s'ils échappent ici-bas à la rétribution divine, ses coups tombent sur leurs enfants, en démontrant la vanité du sacre et des bénédictions d'un clergé mercenaire. « De main en main, le méchant ne reste pas impuni » (1).

Les divers royaumes, issus du partage de l'Empire romain, ont été fondés, comme celui de Clovis, « fils aîné de l'Eglise et roi très chrétien », par la fraude, le meurtre et le pillage. Leur développement historique a maintenu, hélas! ces traditions antichrétiennes ; d'âge en âge, l'intrigue a défait en Europe le travail de l'intrigue, l'épée y a repris ce que l'épée avait acquis. La frontière des états modernes est un fossé plein de sang, bordé des deux côtés par les tombes des victimes de la guerre. L'oppression des consciences, dans chaque pays, y est restée l'auxiliaire des iniquités commises contre les étrangers. Les Eglises nationales, guidant la majorité des citoyens, ont abusé des droits du plus fort envers les dissidents, tout en aidant l'Etat à les exercer envers ses voisins. Le pacte des conciles d'Arles et de Nicée subsiste toujours, avec ses effets antiévangéliques, aussi funestes à la prospérité des nations modernes qu'à leur fraternité.

La responsabilité de ce pacte immoral incombe,

(1) Prov., XI : 21. — XVI : 5.

tout entière, à l'Eglise pharisienne et sadducéenne, qui a perverti la religion du Christ (1). Le principe de la non-résistance au méchant, que Notre-Seigneur n'enseignait pas à titre d'idéal, mais de vivante réalité (2), avait valu aux premiers chrétiens une éclatante victoire sur les Juifs et les païens ; il avait brisé la force de l'Empire romain. Il suffisait de le retenir intact, pour vaincre de même le monde barbare et faire régner la paix universelle, au nom de Jésus-Christ. Mais cette gloire divine ne pouvait pas couronner une Eglise déchue et tombée dans le formalisme, au point de vouloir régénérer les hommes avec des sacrements matériels. Enivrée de ses succès extérieurs, méprisant les Israélites, ignorant sa propre décadence, elle s'associa, dès qu'elle en eut le pouvoir, aux œuvres de rapine qu'elle aurait dû réprimer (3). Sa doctrine et ses actes ont révélé l'esprit qui animait ses chefs, car, au lieu de la paix chrétienne, son influence prépondérante a donné aux peuples d'Europe quinze siècles d'oppression religieuse, de discordes civiles et de luttes fratricides. L'Antichrist, que l'on attend encore (4), ne saurait commettre plus de forfaits que n'en contient leur histoire, étudiée à la clarté de l'Ancien et du Nouveau Testament. On parle de ses persécutions futures contre les croyants, sans comprendre qu'elles ont eu lieu, quand la papauté a répandu, aux jours de sa puissance, plus de sang innocent que l'Eglise judaïque. C'était le résultat fatal des aberrations qui avaient prévalu, au quatrième siècle, sur l'Evangile de la grâce et de la paix Leur apogée, au point de vue religieux, a été la proclamation de l'infaillibilité papale, qui rend l'Eglise catholique solidaire des iniquités ordonnées par le Saint-Siège.

Ne célèbre-t-elle pas le 4 août la fête de saint Dominique, le grand inquisiteur, qui travaillait jadis

(1) St Matth., xxiv, 5. — St Luc, xxi, 8. — (2) St Luc, vi, 46-49. — (3) St Marc, vi, 18. — (4) I Jean ii, 18-22-iv, 3. — II Jean, 7.

à «convertir» les Albigeois, tandis que Simon de Montfort les massacrait ? L'un et l'autre agissaient en vertu d'une délégation du Saint-Père, qui promettait aux « croisés » de Montfort une indulgence plénière et les dépouilles de leurs victimes, avant d'accorder aux dominicains la canonisation de leur chef. La violence sacrilège, qui détruit l'image de Dieu dans ses créatures, ne se contente pas d'envahir la terre, elle prétend aussi conquérir le ciel, comme les guerriers païens se vantent d'habiter le Wahlhalla ou les Champs-Elysées, et les musulmans le Paradis de Mahomet. Les uns aspirent à la gloire éternelle en mutilant leur propre corps, les autres en égorgeant leurs semblables. Le règne de pareils principes, au sein de la chrétiénté, constitue l'Antichristianisme ; la déification de leurs représentants en est le point culminant, en attendant la chute finale, où la main de Dieu les conduit.

Saint Jean, dans ses épitres, dépeint l'Antichristianisme comme le renversement effectif, quoique déguisé, de la doctrine d'amour que le Fils de Dieu avait prêchée et pratiquée, à la gloire de son Père, et que ses vrais disciples pratiquent après lui (1). Il complète ainsi la description sommaire de saint Paul, qui voit la substance de l'« apostasie » dans la fausse sainteté des mortifications extérieures (2) ; car « la chair », qui doit être « crucifiée » (3), c'est l'orgueil humain, œuvre du diable, et non le corps humain, créature de Dieu. Le développement du catholicisme a pleinement réalisé la double perspective que le Saint-Esprit présentait aux apôtres. L'austérité qui poussait les nouveaux « saints » de l'Eglise déchue à rester 26 ans sur le faîte d'une colonne, ou 50 ans emmurés dans un caveau (4), a grandi avec l'orgueil, qui imposait la foi catholique, d'abord à

(1) Jean, III, 1-15 4, 4-8. — (2) Coloss., II, 20-23. — I Tim., IV, 1-5. — II Thess., II, 3-12. — (3) Gal., V, 24. — (4) St Siméon, Stylite et Jean de Lycople.

force d'anathèmes, et bientôt à coups de sabre. Lorsque saint Victor, évêque de Rome vers la fin du second siècle, excommunia ses collègues d'Asie, parce qu'ils célébraient la fête de Pâques à sa date exacte (1), il était en communion avec les saints de l'époque, au nombre desquels on l'a placé. Pour en arriver, par degrés, à l'Inquisition et aux Saint-Barthélemy, il ne manquait aux ascètes formalistes que l'appui du bras séculier.

L'amour de Dieu avait offert à tous les hommes, par la foi à l'Evangile du salut gratuit, la liberté et l'égalité dans la fraternité chrétienne. Le Nouveau Testament multipliait les bienfaits de la nature ; il en comblait les indigents et n'en privait pas les impies. Le siècle apostolique avait connu et consacré ce régime, où la puissance de la vérité réprimait seule l'erreur, en laissant aux magistrats civils le soin de punir les délits matériels. Si les chrétiens l'avaient respecté, ils n'auraient jamais exercé de contrainte religieuse ; leur confiance dans la vertu du Saint-Esprit et de l'élection divine les aurait même gardés du moindre attentat sur la conscience d'autrui. Leur infidélité les fit tomber sous le joug de la fausse unité qui régit par la force l'Eglise et l'Etat, selon les traditions de Rome païenne. Dès lors le sang des témoins de la vérité et des victimes de la discorde n'a pas cessé de couler à flots au sein de la chrétienté ; ce fleuve n'y tarira qu'à l'aurore du relèvement de la primitive Eglise.

Le fanatisme catholique est également responsable des massacres qui ont contraint les Saxons, les

(1) Le 14 Nisan, ou 14 Mars, époque fixe indiquée par Moïse, étant rarement un jour de sabbat, beaucoup d'églises célébraient la résurrection du Sauveur le dimanche suivant. Cette innovation était assez rationnelle, mais la prétention d'exclure de la grâce les observateurs de l'ancienne coutume montre à quel point le formalisme aveuglait saint Victor. Le concile de Nicée n'agit pas mieux en transformant la Pâque en fête mobile, « de manière à ne jamais coïncider avec celle des Juifs ». Ce mépris pour les Israélites l'a emporté sur l'exactitude, base réelle d'un anniversaire, et sur la pratique des apôtres.

Prussiens, les Indiens (1) et autres idolâtres des deux mondes, à recevoir le baptême. Leurs vainqueurs les dépouillaient de leurs biens terrestres, en les obligeant d'accepter le ciel en échange, puisque l'eau du baptême était le sceau officiel de leur salut. Si ce rite matériel sauve réellement des êtres immortels, c'est une œuvre pie de le leur imposer encore aujourd'hui ; ce serait même le meilleur emploi de l'épée, et le plus agréable à Dieu. Le moyen-âge le pensait, et le catholicisme continue à le croire ; aussi ne peut-il adhérer au mouvement pacifique, ni à la liberté religieuse, sans abjurer tout son passé.

L'intervention de l'Eglise romaine, en faveur de « la trève de Dieu », était jadis motivée par ses intérêts temporels, car les troubles des temps féodaux diminuaient le revenu des biens ecclésiastiques. La médiation du pape ne s'est jamais exercée pour arrêter les guerres dont il espérait quelque profit, mais seulement les hostilités qui ne lui rapportaient rien. Les principes immuables de l'Evangile n'inspirent pas une pareille conduite, essentiellement politique ou subordonnée aux circonstances. La religion catholique, depuis le IVe siècle et les croisades jusqu'à nos jours, a gardé son caractère despotique et belliqueux, très nettement accentué par son alliance intime avec le militarisme.

(1) Grâce à l'épée de Charlemagne, de l'Ordre Teutonique et des Espagnols, animés du même « zèle aveugle » pour Christ. (Ep. aux Romains, X : 2.)

LIVRE TROISIEME

L'ÈRE NOUVELLE

VII

La crise sociale

Par un juste retour des choses d'ici-bas, l'homicide, dont la chrétienté déchue a fait son *ultima ratio* et le fondement de l'ordre public, l'homicide menace aujourd'hui la société d'une totale subversion. On ne se joue pas impunément de la conscience, en enseignant deux sortes de morale : l'une à l'usage des gouvernants, l'autre à celui des gouvernés, et deux religions opposées : l'une idéale, l'autre effective. Les maximes relâchées, qui sanctionnent la guerre étrangère, autorisent également les plus violentes revendications sociales. La mauvaise répartition des impôts, la vénalité des magistrats, l'insuffisance des salaires, les lacunes de l'assistance publique, touchent les pauvres beaucoup plus au vif que l'équilibre européen. Les classes ouvrières se demandent si leurs pires ennemis sont ceux du dehors, et s'il ne vaut pas mieux prendre les armes pour abolir, à l'intérieur, les inégalités de fortune et les privilèges de caste. Les iniquités, dont le monde foisonne, leur paraissent susceptibles d'une suppression violente. Elles oublient que le pauvre ressemble au riche et que, mis à sa place, il abuserait également des avantages de l'opulence et de l'instruction. Si les prolétaires l'avouent, c'est pour accuser la richesse elle-même et son influence corruptrice. Supprimer le capital et l'hérédité, interdire le cumul des biens mobiliers, partager les terres, faire du monde entier une immense Sparte, voilà leur programme de réforme, sur la foi de nouveaux Lycurgues.

Le collectivisme veut réaliser ainsi la fraternité, dont le Christ a donné le précepte et l'exemple ; il honore en lui l'ami du peuple, le destructeur du sacerdoce officiel, et placerait volontiers sa statue dans le Panthéon. Cette vénération provient d'une méprise, car l'Evangile désavoue les théories communistes. Son point de départ étant la corruption de la nature humaine, il n'ouvre le royaume des cieux qu'à la repentance individuelle, œuvre de la grâce. Le collectivisme, au contraire, poursuit l'amélioration des individus par la réforme des lois civiles ; il s'attaque aux fruits du péché, sans toucher l'arbre qui les porte, et ne vise que des progrès matériels.

Les moyens diffèrent autant que le but. L'Evangile persuade et touche le cœur, il inspire la crainte de Dieu et commande l'abnégation au nom de la charité. Le socialisme vulgaire approuve les révolutions violentes ; il renverse les institutions défectueuses sans les remplacer, abolit la crainte des hommes après celle de Dieu et lâche sur le monde des appétits effrénés. Ignorant la chute et ses conséquences, il méconnaît les conditions de la vie humaine, en prétendant établir par la force sur la terre la solidarité qui unit ici bas les enfants de Dieu, et la communauté absolue des biens, dont ils jouiront dans le ciel. Posséder en commun, par voie de coopération et de libre association, c'est d'ordinaire un grand bienfait. L'imposer à tous, à titre de contrainte égalitaire, ce serait le transformer en affreux nivellement.

Par ses fallacieuses promesses, le communisme a

recruté, dans toute l'Europe, une foule d'adhérents ; sa puissance grandit à vue d'œil ; des lois draconiennes et des dogmes surannés n'en arrêteront pas l'extension. Son principal adversaire est le clergé, coalisé avec l'esprit conservateur. Les ultramontains surtout ont essayé, en proclamant l'infaillibilité papale, de relier en un seul faisceau les forces vives du catholicisme et d'arrêter la révolution sociale ; appuyés sur les paysans et les soldats, ils tiennent les ouvriers en échec. La bourgeoisie est divisée : quelques-uns de ses membres gardent la foi traditionnelle, ce sont les moins nombreux. D'autres ne croient plus, mais ils possèdent ; ils constituent le clergé gardien de leurs propriétés, et lui livrent en échange « l'âme vile » du commun peuple. D'autres enfin, enthousiastes du progrès, ou peu fortunés, se joignent au parti radical.

Qui remportera la victoire? Ce ne seront pas les religions homicides, malgré leurs canons et leurs baïonnettes. La crise actuelle, en pays latins, offre une frappante analogie avec celle que la société romaine a traversée, durant les premiers siècles de notre ère. Alors, comme aujourd'hui, le polythéisme moribond s'était réfugié dans les campagnes, et leur empruntait le surnom de paganisme (1), tandis que l'impiété, florissant dans les villes, y préparait l'avènement d'un culte nouveau. Déjà, du temps de Cicéron, deux augures ne pouvaient se rencontrer sans rire, tant la fusion de l'Orient et de l'Occident, qui produisit la civilisation gréco-romaine, avait largement développé le scepticisme. A mesure que les dieux de la foule se multipliaient, les hommes instruits ne croyaient plus à aucun, et retenaient à grand peine la notion d'un être suprême. Alors, comme aujourd'hui, le positivisme et le panthéisme étaient le dernier mot de l'évolution philosophique.

(1) Opinion de paysan.

Les épicuriens et les stoïciens s'assuraient le repos en ménageant l'idolâtrie. Ils connaissaient les fourberies du clergé païen ; ses membres austères étaient pour eux des insensés et les autres des hypocrites ; ils n'en sacrifiaient pas moins publiquement aux faux dieux, dont ils se raillaient à huis clos, et condamnaient à mort les chrétiens pour crime d'athéisme (1).

Aujourd'hui, comme autrefois, les combinaisons de la politique et les suprêmes efforts du fanatisme ne prolongeront guère les derniers jours d'une religion vieillie, contrefaçon du christianisme et véritable néo-paganisme, y compris l'adoration des images et des reliques. On ne remonte pas le cours des âges ; les campagnes ne sauraient ramener les villes à leur foi superstitieuse, qu'elles perdront tôt ou tard elles-mêmes, car les chemins de fer, l'instruction obligatoire et la presse à bon marché, sont de terribles ennemis de l'erreur. Lorsque le libre examen pénètrera dans les chaumières, et qu'au sein des montagnes les plus reculées les fantômes de tout genre s'évanouiront, l'on verra s'écrouler le pivot sur lequel le monde a tourné jusqu'ici : l'union de l'État et de l'Eglise, l'alliance du glaive et de l'autel, contre laquelle tous nos champs de bataille crient : Anathème! (2) Constituée au détriment de l'Evangile de la paix, elle doit disparaître, avec toutes les iniquités qu'elle soutient et qui ont conduit les multitudes à mépriser la religion, en fuyant les lieux de culte. La justice les y ramènera, lorsque la charité remplira le sanctuaire, redevenu le refuge des petits et des faibles.

Parmi les réformes que l'Eglise infidèle néglige, depuis quinze siècles, se trouve l'abolition de la peine capitale, car les philanthropes, beaucoup plus que les prêtres, s'efforcent d'humaniser notre légis-

(1) Cette accusation prouve que les premiers chrétiens n'avaient point d'images dans leurs lieux de culte. — (2) Galates, 1, 8-9.

lation criminelle. Leurs arguments contre le dernier supplice s'appuient sur les erreurs judiciaires, l'amélioration possible des coupables et l'inutilité des exécutions, qui apitoient ou réjouissent la foule, sans lui inspirer l'horreur du crime. Leurs efforts aboutiront tôt ou tard, mais ils seraient mieux dirigés s'ils visaient, sans exception, tous les homicides légaux. Sauver la vie aux coupables plutôt qu'aux innocents, c'est placer la charrue avant les bœufs. Les philanthropes y sont conduits par la facilité relative d'une réforme judiciaire. Pour abolir le meurtre de peuple à peuple, il faut une entente internationale, tandis qu'un acte législatif suffit, dans chaque pays, à sauvegarder la vie des criminels. Le glaive de l'Etat épargne ainsi les assassins, et n'atteint que les malheureux, enrôlés de gré ou de force sous une bannière ennemie.

La logique de l'Evangile désapprouve cette inconséquence et ne surfait pas l'intérêt social, ce sable mouvant sur lequel riches et pauvres prétendent, tour à tour, édifier la morale publique ou fonder la législation. Qu'il soit collectif ou personnel, l'intérêt est toujours égoïste, et partant meurtrier ; il a deux poids et deux mesures, il se rit de l'équité. Grâce à lui, la société moderne, même en châtiant le crime, ne représente que la force. Le criminel est puni parce qu'il est faible, et que son forfait ne profite qu'à lui ; s'il avait opéré en grand et enrichi ses concitoyens par une longue série de meurtres, on lui élèverait des statues. Dans de telles conditions, les lois pénales restent redoutables, mais elles cessent d'être honorées.

Les Grecs adoraient Mercure, patron des voleurs, et mettaient ses clients en prison. La chrétienté païenne n'agit pas mieux ; elle glorifie, en haut lieu, et sanctionne, au nom de Dieu même, l'exaction et la rapine ; appliquant aux pays conquis le fameux

Compelle intrare (1), elle les incorpore violemment à d'autres Etats. Tous les peuples civilisés dépouillent les ignorants et les faibles ; leur conduite, dans les cinq parties du monde, l'atteste assez haut pour qu'il soit inutile d'y insister. Or, de même qu'un débauché, quoique éloquent, plaide mal la cause de la chasteté, ainsi toute société spoliatrice se disqualifie comme soutien de la justice. Les crimes individuels sont l'abrégé de ses méfaits publics ; elle se condamne elle-même en les punissant.

La grande parole qui terrassa les accusateurs de la femme adultère : « Que celui d'entre vous qui est sans péché lui jette la première pierre !... » (2) cette parole divine mériterait l'attention des législateurs. Les plus vils de tous les hommes échappent à nos lois pénales : les imposteurs et les séducteurs d'âmes, les fauteurs d'idolâtrie, ceux que le mosaïsme condamnait au premier chef, n'ont rien à redouter des tribunaux. Si le Nouveau Testament laissait subsister la peine de mort, ce serait pour eux (3). Mais la croix rédemptrice abolit, en l'accomplissant, la forme légale du talion, le brigand converti suit son Sauveur dans le paradis (4), tandis que les vertueux ennemis du Christ vont dans la géhenne (5), et la justice éternelle dévoilée n'a plus besoin de figures. Instruire et corriger le coupable, réparer son forfait et en prévenir le retour, sans lui refuser le temps du repentir, voilà les limites chrétiennes de la répression.

Dieu seul a le droit de retrancher « les figuiers stériles qui occupent la terre inutilement » (6). Ce n'est pas à des êtres éphémères, malfaiteurs eux-mêmes devant Lui, qu'il appartient de décider qu'un homme y a trop vécu. En renversant ce principe, nos lois pénales ne sont ni chrétiennes ni juives,

(1) « Contrains-les d'entrer » : interprétation abusive de l'insistance recommandée aux serviteurs de Dieu, dans saint Luc, XIV, 23. — (2) St Jean, VIII, 7. — (3) Galates, V, 12. — (4) St Luc, XXIII, 43. — (5) St Matth., XXIII, 33. — (6) St Luc, XIII, 6-9.

elles relèvent du paganisme. La distinction entre la justice céleste et les jugements terrestres ne les lavera pas de leur tâche originelle. Sans doute, le larcin et l'assassinat, qui nuisent aux corps, exigent une incarcération corporelle, tandis que la vérité suffit à confondre l'imposture ; mais la peine capitale est exclusivement du ressort de la justice divine. Si les juges humains se récusent, en présence des crimes moraux, ils devraient se rappeler leur incompétence, lorsqu'il s'agit de prononcer le mot fatal, irréparable, dont Dieu retarde l'effet à l'égard de ses pires ennemis. « Parlez et agissez comme devant être jugés par la loi de la liberté ; car une condamnation sans miséricorde atteindra celui qui n'a pas fait miséricorde, mais la miséricorde brave le jugement ». (1)

Dira-t-on que la société civile peut se gouverner à son gré, sans respecter aucune loi ou foi religieuse ? C'est reprendre, en somme, le thème de la morale indépendante et proclamer le droit du plus fort. Les lois injustes sont immorales, qu'elles émanent d'un despote ou de la majorité des citoyens. La morale lésée les redressera avec une autorité souveraine, parce qu'elle dépend de la justice éternelle et s'appuie sur la connaissance que les hommes en ont reçue. Pour le déiste, en particulier, le Créateur de la terre en est le Maître, et tout règlement humain, sous peine de forfaiture, doit se conformer à ses ordonnances (2). Qui oserait lui accorder l'âme et lui refuser le corps !

Soit, répondront les casuistes, mais distinguons, s'il vous plaît, entre le droit et le fait. Les lois divines sont absolument saintes, l'homme naît pécheur et faillible ; si vous lui imposez le joug de la perfection, il ne le supportera pas, et, faute de comprendre sa faiblesse, vous supprimerez, sans les remplacer,

(1) St Jacques, II, 12-13. — (2) St Matth., XXVIII, 20.

les bornes que des lois imparfaites mettaient à ses convoitises.

Cette objection spécieuse confond le domaine des actes et celui des pensées. Pour aimer Dieu de tout son cœur et son prochain comme soi-même, il faut une entière régénération ; pour s'abstenir d'un acte brutal, il suffit d'être convaincu qu'il est détestable et sera puni comme tel. La crainte de Dieu, même servile, et celle du mépris, la perspective d'une longue réclusion, suppléent, quant aux délits matériels, à la noblesse des sentiments. Le peuple d'Israël marchait selon la justice mosaïque, malgré son esprit charnel, aussi longtemps qu'il avait à sa tête des sacrificateurs et des princes fidèles. A plus forte raison, l'Evangile, la grande charte du peuple chrétien, saura-t-il flétrir et rendre exécrables les meurtres publics ou privés. Que l'enfance et la jeunesse n'en ignorent plus les préceptes ; développez l'instruction publique, maintenez les sanctions pénales jusqu'à la prison perpétuelle, et vous briderez les passions humaines d'une manière plus efficace qu'avec le gibet et l'échafaud. Si le Nouveau Testament n'a pas encore fait ce miracle, la faute en est à ses ministres, qui l'ont falsifié (1), tellement que le « sel de la terre a perdu sa saveur » (2).

La loi du Christ (3) abolit la peine capitale aussi bien que la guerre ; elle appuie toutes les justes revendications, impose à tous le respect de la vie humaine, et résout avec droiture les questions sociales ou les litiges internationaux. Les musulmans croient à tort que leur Coran peut y suffire, mais les chrétiens ne seraient pas trompés en prenant la Bible pour guide, au lieu de la tradition ecclésiastique. C'est la voie de salut qui s'ouvre aux « classes dirigeantes », dont le peuple secoue le joug à mesure qu'il se voit dupe d'une fausse autorité, aussi incapable d'établir

(1) II Corinth., II, 17. — (2) St Matth., V, 13. — (3) Galates, VI, 2.

l'équité sur la terre que de conduire les hommes au ciel. Tous les efforts qui tendent à la restaurer seront vains, car l'expérience de son action sur le monde, pendant quinze siècles, a été décisive. Ayant toujours provoqué la persécution religieuse, l'Eglise déchue ne saurait sérieusement interdire la guerre civile, qui en est si souvent la conséquence. Complice de tous les conflits internationaux par ses prières publiques et ses *Te Deum*, elle ne peut s'opposer aux prises d'armes en faveur de la justice sociale. Du reste, la justice elle-même ne change pas, qu'on la défende contre des étrangers, ou contre ses concitoyens ; c'est l'excuse ordinaire des insurgés, auxquels la loi civile paraît inique. Sous les auspices d'une Eglise infidèle à sa sainte vocation, l'égoïsme est resté la règle des relations humaines ; il aboutirait aisément, de nos jours, à l'égorgement réciproque des riches et des pauvres. Le baptême et l'Eucharistie n'y mettraient aucun obstacle, pas plus qu'ils n'empêchent les peuples chrétiens de s'exterminer. Les actes de bienfaisance et de compassion, qui surgissent au milieu de ces hostilités, sont aussi honorables qu'exceptionnels ; mais ils se retrouvent chez les mahométans et les païens, dont ils ne réhabilitent pas la religion.

Lorsque la guerre éclate entre peuples civilisés, le clergé catholique, si fier de son unité, se divise aussitôt en deux camps, qui font monter vers le ciel des prières contradictoires ; après la bataille, l'un d'eux exulte à grand orchestre, tandis que l'autre se lamente en *De Profundis*. De pareilles coutumes et celle de pavoiser les temples avec les étendards pris à l'ennemi, se retrouvent en pays protestants, car l'influence de la nationalité prévaut partout sur la communion religieuse, aussi bien que sur l'équité. Durant la bataille, les chrétiens des deux armées fusillent et mitraillent, sans pitié, leurs frères en Christ, dont ils bombardent ensuite les villes, tuant pêle-mêle soldats et civils, malades, femmes et enfants. Mais ils fraternisent, d'autre part, sous le drapeau national, avec des alliés, mécréants ou hérétiques, que leur propre Eglise qualifie de réprouvés. Tel est l'insolent triomphe du fait politique et accidentel sur les plus saintes relations, et du matérialisme sur le spiritualisme officiel. Les Eglises qui l'approuvent, ou le tolèrent, perdent le droit d'évangéliser les cannibales qui, témoins de ces horreurs, leur diraient : « Il ne vaut pas la peine de changer nos anciens usages, car manger un homme mort n'ajoute rien à la cruauté qui l'a mis en pièces vivant ! » — Elles perdent aussi tout crédit auprès des masses populaires, que le sentiment de leur force physique conduirait à s'emparer des biens de ce monde. La justice est une et indivisible ; quiconque la viole en un seul point, abolit toute la loi (1) ; la petite brèche ouverte à la digue s'élargit promptement et l'emporte. Il faut donc opter entre le droit de Dieu, qui s'oppose à toutes les convoitises (2), et les coupables accommodements dont le résultat final ne laisserait subsister aucune sécurité parmi les hommes, ni le moindre vestige de christianisme.

En remontant des effets à leur cause première, nous verrons dans les menaces de révolution sanglante, la vengeance rêvée par la foule contre les exploiteurs de sa crédulité. Si l'ancienne loi du talion subsistait encore, les représailles seraient terribles, et les massacres dûs à l'athéisme égaleraient ceux des néo-pharisiens. Mais Dieu règne, il fait prévaloir des mœurs plus douces ; sa Parole, dominant la férocité native des hommes, les empêchera de s'entre-détruire. La crise sociale actuelle les invite à choisir désormais entre le pur Evangile, qui sauve jusqu'aux criminels, et la violence astucieuse, sous le joug de laquelle les peuples d'Europe ont

(1) St Jacques, II, 10. — (2) Exode XX, 17.

tant souffert. Quand même son sceptre passerait de la main des nobles et des prêtres dans celle des démagogues, en remplaçant le capitalisme par une spoliation générale, l'humanité n'y gagnerait rien.

L'athéisme matérialiste est, en réalité, l'unique système religieux qui s'accorde bien avec l'homicide ordonné par des hommes, à cause de leurs intérêts terrestres. En effet, si Dieu n'existe pas, ils sont libres d'agir et de légiférer, à leur guise, en attendant que leur société s'écroule dans l'anarchie athée ; au contraire, si Dieu existe, tout se rapporte à lui et doit observer ses lois. Il reste alors à les connaître : en rejetant le Coran, comme une imposture, et les idoles, comme des mensonges, nous gardons les révélations contenues dans la Bible. En les écartant, à leur tour, de notre pratique individuelle et nationale, nous établissons, à leur place, l'arbitraire humain et la raison du plus fort, exercée d'en haut ou d'en bas. Tous les partis se disputent le pouvoir, pour en abuser ; mais la crise sociale, qui ébranle maintenant l'Europe, correspond à une profonde crise religieuse, dont le mouvement pacifique est un autre symptôme ; leur issue commune dépend de la solution que recevra la question primordiale : Quel est le Maître de la vie humaine ? — La Bible entière, d'accord avec toute conscience droite, répond : Celui-là seul qui l'a créée, et l'autorité qui l'oublie, quelle que soit son origine ou sa force, est athée, car elle dispose de la vie des hommes sans le consentement de Dieu.

Ne nous payons plus de mots ; envisageons en face les méfaits de la tradition soi-disant chrétienne, dont les errements ont été suivis jusqu'ici, et nous reconnaîtrons bientôt que la propagande pacifique marque une étape du retour au vrai christianisme, trop longtemps enseveli sous un amas de superstitions et d'attentats aux droits de Dieu et de ses créatures. Tout ce qui affermit la paix entre les peuples, ou leur paix sociale, dérive du pur Evangile et tend à le restaurer.

VIII

La Bible et la Philosophie

Les peuples modernes ont été délivrés de la guerre sainte et de la persécution religieuse, à mesure que les religions d'Etat, appuyées sur le bras séculier, ont perdu leur pouvoir. Les principaux facteurs de cet affaiblissement sont la restitution de la Bible au peuple, par la Réformation du seizième siècle, et le mouvement philosophique qui l'a suivie. Malgré de graves inconséquences, les peuples protestants sont plus accessibles à l'action de l'Evangile, depuis que l'Eglise déchue ne leur dérobe plus la loi du Christ. Ils ont beau l'éluder et la transgresser, sous l'influence héréditaire de la tradition romaine, sa pure lumière brille au milieu d'eux (1) ; elle y dissipe les préjugés, l'intolérance et le fanatisme ; les superstitions du moyen-âge s'évanouissent devant elle. Dans les pays catholiques, ce sont la philosophie et la libre pensée qui les battent en brèche, au point que les sceptiques se croient les champions de la liberté contre le christianisme, qu'ils confondent avec sa dégénérescence. S'ils connaissaient mieux l'Ecriture Sainte, ils n'y trouveraient rien d'incompatible avec la raison saine et la conscience qui rendent

(1) Ps., CXIX ; 105.

témoignage, comme elle, au Dieu créateur, juste et bon. Ils constateraient combien l'Eglise déchue s'est éloignée de son modèle, en annulant la loi de Dieu par ses traditions (1), et ils s'uniraient aux chrétiens sincères pour propager l'Evangile.

L'erreur des philosophes, attribuant à l'intolérance une origine chrétienne, se comprend, en partie, quand on voit la résistance de tous les clergés nationaux aux principes d'égalité, dont l'Evangile est la source. Pour briser en Irlande le joug de l'Eglise anglicane, en pays latin, celui de l'Eglise romaine, et partout ailleurs, celui des Eglises officielles ; pour abolir la peine de mort, l'incapacité civile, la gêne du culte public, la confiscation ou l'exil, infligés à la dissidence, il a fallu, et il faut encore, surmonter l'opposition des prêtres, affectant d'agir à l'honneur du Christ et dans l'intérêt du christianisme. On conçoit dès lors que les libres penseurs se soient mépris sur le vrai sens de la révélation, que ses représentants attitrés dénaturaient. La raison humaine leur a paru le seul instrument de notre libération du despotisme et de la guerre, que le culte national laissait subsister. Le parti libéral comprend, en conséquence, beaucoup d'incrédules, et le parti conservateur beaucoup de cléricaux, qui font de leur religion la base de la société, en oubliant son long mépris de l'équité. L'Eglise déchue pactise avec « le faux poids et la fausse mesure » (2) qui permettent aux forts d'écraser les faibles ; elle combat la liberté, l'égalité et la fraternité, sans lesquelles l'Evangile serait un leurre ; elle professe ainsi, en fait, une religion homicide, contraire à celle du Christ, dont l'amour divin embrasse tous les peuples, au même titre, et leur interdit la guerre. Or, la contrainte religieuse enfante d'ordinaire la guerre civile, dès que ses vic-

(1) St Marc, VII, 9. — (2) Prov. XX, 10-23 — Michée, VI, 10-11.

times ont quelque chance d'échapper à leurs bourreaux, et l'on ne saurait respecter les droits des étrangers, en méconnaissant ceux de ses compatriotes. Les principes pacifiques sont donc incompatibles avec les traditions qui ont altéré et obscurci le Nouveau Testament. Des gens de bien peuvent essayer de les concilier, en unissant le libéralisme à la foi de leur enfance ; ils n'atténueront pas le témoignage de l'histoire, ni les déclarations des chefs de leur Église, liés eux-mêmes par l'infaillibilité des conciles et des papes, qui ont toujours réclamé l'extermination de l'hérésie. En affirmant, dans le Syllabus, que le pontife romain ne se réconciliera jamais avec le libéralisme moderne, Pie IX a réellement exprimé la doctrine immuable de son Église. C'est au prix de restrictions mentales que les catholiques libéraux peuvent encore l'honorer sans lui obéir.

Malgré tous les efforts de l'Antichristianisme, défendant son empire séculaire, l'Europe se trouve maintenant affranchie de l'Inquisition, des dragonnades et des croisades. Aucun de ses peuples ne se lèverait, à la voix du Pape et de Pierre l'Hermite, pour conquérir le Saint Sépulcre, et laisser ses os en Palestine. La fin des guerres profanes ou patriotiques arrivera, grâce à Dieu, par les mêmes causes qui nous ont, à jamais, débarrassés de la guerre sainte. Leurs promoteurs actuels exaltent la vanité des hommes, au lieu de la gloire de Dieu ; ils recherchent des profits commerciaux, au lieu du salut des âmes ; les mobiles sacrés ont fait place aux mobiles mondains. On écrase les peuples d'impôts pour préparer la lutte ; on achève de les ruiner, âme et corps, en la déchaînant sur le monde. Les pauvres victimes de tant d'aveuglement (1) finiront par ouvrir les yeux ; elles comprendront que si le Nou-

(1) II Cor., IV, 4.

veau Testament réprouve les horreurs de la sainte Inquisition et la folie des croisades, il réprime également l'égoïsme national et les convoitises collectives, au même titre que les passions individuelles. Elles verront que Jésus-Christ est le meilleur ami du genre humain, en lui dévoilant sa profonde corruption et la nécessité d'un Sauveur, qui est aussi son juste Roi.

La fin de toute guerre, profane ou sacrée, étrangère ou civile, marquera la fin des Eglises persécutrices, la fin de l'Antichristianisme, qui avait sanctionné, par « toute la terre » (1), en présence de la croix et en son nom, ô dérision ! les droits du plus fort. Ils avaient prévalu, en matière religieuse et en matière civile, la meilleure épée imposant aux vaincus ses dogmes et ses lois. Cet empire de la force disparaît peu à peu, malgré la fureur de ses partisans ; il décline devant l'Évangile de la paix, dont l'éclipse lui avait laissé le champ libre. Jésus-Christ déploie sa puissance, il démasque ses ennemis (2) ; les victoires, que son Esprit a déjà remportées sur l'intolérance, sont le gage de celles qu'il prépare à ses serviteurs sur les inimitiés internationales. La philosophie les condamne trop faiblement, car elle ne possède pas l'énergie de la foi ; elle coopère cependant au mouvement pacifique, dans la mesure de son adhésion à cette loi de la conscience universelle : « Tout ce que vous voulez que les hommes vous fassent, vous aussi faites-le leur de même » (3).

Depuis le quatrième siècle, la contrainte religieuse se trouve liée, en pays chrétien, à celle exercée par droit de conquête. L'État y est resté uni aux Eglises qui sanctifiaient ses guerres, et priaient pour sa victoire, quelle que fut l'iniquité de sa cause. En revanche, il épousait la leur, jusqu'à faire baptiser

(1) Apoc., XIII, 3. — (2) Ps. XLV, 5. — (3) St Matth., VII, 12.

de force les enfants des dissidents, comme cela s'est vu, en ce siècle, dans le Mecklembourg. Cette union de deux tyrannies antichrétiennes commence à se rompre ; elle achèvera de se dissoudre ; la contrainte religieuse, abolie d'abord, entraînera la chute du droit de conquête, son frère jumeau, aussi absurde qu'elle. Nous en voyons le gage assuré dans le renversement du pouvoir temporel du pape-roi, en 1870, quelques jours après la proclamation de son infaillibilité par le concile du Vatican (1). Pie IX, qui avait enlevé le petit Mortara à ses parents juifs, pour en faire un jésuite, représentait la clef de voûte du système, inauguré aux conciles d'Arles et de Nicée, et du pacte alors scellé entre l'Église et l'Empire. Pontife et roi, il personnifiait l'alliance des deux pouvoirs, qui opprimaient ensemble la raison, la conscience et la liberté, en livrant au bûcher les hérétiques, l'Ecriture-Sainte et ses traducteurs (2). La perte de la couronne, dont l'acquisition avait marqué l'apogée de la puissance papale, en accélérera la décadence, au grand profit de la tolérance et de la paix.

L'Empire militaire des Napoléon, qui soutenait le trône du pape, s'est écroulé en même temps. Cette double chute annonce et prépare celle de tous les royaumes qui ont aidé le Saint-Siège à persécuter les chrétiens évangéliques. Les soldats protestants, en garnison à Rome, étaient obligés de garder le Vatican, et de suivre ailleurs, par ordre, les processions du Saint-Sacrement. Les dissidents paient encore partout des impôts au profit du clergé na-

(1) La proclamation eut lieu le 18 juillet 1870 ; au mois de septembre, l'armée italienne s'emparait de Rome.

(2) William Tyndale, traducteur du Nouveau Testament en anglais, obligé de fuir son pays natal, fut traqué de ville en ville par les catholiques, pour l'empêcher d'achever son œuvre. Quand il tomba entre leurs mains, il fut brûlé à Augsbourg, par ordre d'Henri VIII et de Charles-Quint. Si les autres traducteurs, Luther en tête, n'ont pas subi le même sort, après Jean Huss, c'est en dépit du clergé romain.

tional. Tous ces vestiges de contrainte légale disparaîtront avec l'union des Eglises et de l'Etat.

L'oppression religieuse et le despotisme antichrétien, l'un portant l'autre, ont duré quinze siècles, en exploitant surtout les paysans et les ouvriers, qui s'exténuaient pour subvenir aux dépenses de la guerre et au luxe de l'Eglise. Deux milices, l'une armée, l'autre tonsurée, ont dévoré le plus clair revenu de chaque nation, au nom de la crainte de l'étranger et de l'effroi de l'hérésie. On commence à comprendre que le remède est pire que le mal, car les « étrangers » valent bien les nationaux, et les dissidents se contentent du droit commun. Si la Bible avait été écoutée, elle aurait démontré à tous que leurs voisins ne nourrissaient pas, à leur égard, de plus mauvais desseins que les leurs. Dès lors, la voie simple et droite, conforme à la raison des phisophes, à l'expérience de l'histoire, à l'intérêt général, à l'humanité et au bon sens, était de s'inspirer de l'Evangile, en recherchant sérieusement la conciliation. Non pas celle des larrons, qui se partagent, à l'amiable, les dépouilles d'autrui, mais celle des pacifiques, auxquels les sacrifices personnels répugnent moins que les massacres.

Notre conviction intime est que la chrétienté reviendra de l'égarement, qui l'a si longtemps privée des bienfaits du Nouveau Testament. La multitude des hommes n'est pas endurcie sans retour, bien que la ruse du démon et de ses ministres (1), colorant de beaux prétextes les pires infamies, l'entraîne souvent à l'homicide, « en croyant rendre service à Dieu » (2). Ces ténèbres disparaissent, lorsque la lumière du pur Evangile resplendit sur sa route et met en fuite les oiseaux de nuit, les animaux de proie, qui se réfugient dans leurs tanières, redoutant les rayons du soleil (3). La loi du Christ a été cons-

(1) II Cor., XI ; 15. — (2) St Jean, XVI ; 2. — (3) Ps., CIV ; 20-23.

tamment violée par ceux qui se réclamaient de son nom ; ils ont refusé d'obéir à sa Parole, et ils ont ainsi instruit les hommes (1), en les assurant de l'indulgence divine, moyennant quelques rites et quelques aumônes. Mais le Seigneur veut être craint et servi en vérité ; sa voix se fait entendre à tous, il les convie à la miséricorde et non pas au culte extérieur, sans effet sur leur vie (2). L'esprit de l'Evangile prévaudra contre les formes qui l'avaient étouffé ; il détournera les hommes des vaines pratiques où ils ne puisent ni l'amour de Dieu, ni celui du prochain (3) ; en éloignant d'eux la malice, qui les entraîne à la guerre, il leur fera rechercher la charité (4).

La soif de la justice qui distingue notre génération, le sentiment toujours plus vif que les hommes sont égaux et doivent se traiter en frères, le besoin général d'une entente internationale dans tous les domaines, aboutiront à la conviction que l'appel aux armes est maintenant la négation du droit humain et de la loi divine, le reniement public du christianisme. On comprendra aussi que le règne de la justice, dans sa puissance, sera l'œuvre de véritables justes, remplis de l'amour de Dieu et du prochain : non pas de l'amour mystique, dont les adeptes sont restés, depuis quinze siècles, les soutiens d'une hiérarchie persécutrice, mais de l'amour réel, qui combat sa tyrannie jusqu'à la détruire. Il y a évidemment deux esprits qui se disputent le monde : l'un, hypocrite et meurtrier, menteur effronté ou subtil, Protée aux mille formes insidieuses, serpent qui rampe sous les fleurs, jusqu'à ce qu'il ait fasciné et enlacé sa proie ; l'autre, pur et bon, qui travaille sans cesse à lui arracher ses victimes. La repentance ouvre à ceux qui l'écoutent le chemin de la vie éternelle. Heureux les hommes qu'elle trans-

(1) St Matth., V ; 19. — (2) Ibid., XXIII ; 23. — (3) Ibid. XV ; 8-9. — (4) St Jacques, IV ; 1.

forme en serviteurs du Dieu vivant, ministres de sa miséricorde envers tous les peuples qui déposeront au pied de la croix leurs armes sanglantes. Ceux-ci verront qu'en frappant leurs frères ils ont percé le cœur du Sauveur, et que toutes les abominations commises en son nom sont écrites dans « les livres qui seront ouverts », au grand jour du jugement (1). La responsabilité des coupables s'y trouvera mesurée à leur connaissance des lois divines (2), et à leur résistance plus ou moins obstinée à la lumière qui éclaire tout homme venant au monde (3).

Les philosophes respectent la morale évangélique, sans comprendre la grâce, par laquelle le vrai croyant peut l'observer. Le témoignage qu'ils lui rendent, et leur réprobation des actes contraires à l'humanité, sont pourtant des facteurs utiles dans la grande lutte engagée, de nos jours, entre les préjugés nationaux et le christianisme primitif. Les champions de l'intolérance, les partisans des religions d'État, les adorateurs du sabre, ne céderont pas aisément ; ils forment, en tout pays, ce parti rétrograde qui s'oppose à l'avènement du Prince de la Paix. Il puise sa force dans les pires instincts de la nature humaine et dans les habitudes invétérées, qui sanctionnent ailleurs l'anthropophagie, comme une coutume reçue des ancêtres. Ne doutons pas de l'issue finale et marchons, enseignes déployées, au nom de Jésus-Christ ! Sa Parole ébranle les institutions, les mœurs et les lois, qui l'ont supplantée ; « la cognée est déjà mise à la racine des arbres, et tout arbre qui ne porte point de bon fruit va être coupé et jeté au feu » (4).

Quand le Seigneur envoya ses disciples prêcher l'Évangile de la paix, il leur fit cette promesse : « Je vous donnerai une bouche et une sagesse, à laquelle aucun de vos adversaires ne pourra contre-

(1) Apoc., XX ; 12. — (2) Rom., II ; 12. — (3) St Jean, I ; 9. — (4) St Matth., III ; 10.

dire ni résister » (St Luc, XXI, 15). Ces hommes illettrés crurent à sa Parole, et cela suffit pour abattre, devant eux, l'antique sacerdoce juif et la force des légions romaines. Les chrétiens évangéliques se trouvent maintenant en face d'une nouvelle caste sacerdotale, appuyée par les légions, encore plus nombreuses, dont elle bénit les drapeaux. A vue humaine, cette poignée de croyants devrait reculer devant une tâche impossible. On leur dit : « De tout temps, les chrétiens ont guerroyé, avec le concours du clergé ; ne vous mettez pas hors la loi commune ; imitez plutôt « les quatre cents prophètes de l'Éternel », qui prédisaient du bien à leurs rois, sur le point d'attaquer les Syriens » (1). Mais la vraie foi ne suit pas la multitude « dans le chemin large » ; elle préfère la « voie étroite » que lui trace Jésus-Christ (2) ; elle y ramènera, tôt ou tard, par la parole et l'exemple, les peuples qui font encore de sa croix un symbole guerrier.

Les croisés d'autrefois la portaient sur leur poitrine et à la poignée de leur épée ; la croix figure encore sur quantité d'emblèmes belliqueux, attestant à quel point sa signification a été méconnue. Au lieu de la rédemption générale, offerte au monde entier, on y a vu l'appel à exterminer les ignorants, que la Providence avait fait naître en dehors du catholicisme ; comme s'ils n'étaient pas, eux aussi, les rachetés du « Sauveur de tous les hommes » (3). En conséquence, les croisés, quand ils prirent d'assaut Jérusalem (l'an 1099) passèrent au fil de l'épée toute sa population musulmane. Ceux qui désolèrent le Midi de la France exterminèrent de même (l'an 1209) les 23.000 habitants de Béziers, hérétiques ou non. Le légat du pape, Arnold, consulté avant l'assaut sur ce cas de conscience, l'avait infailliblement tranché, en répondant : « Tuez-les

(1) I Rois, XXII ; 6-38. — (2) St Matth., VII 13-14. — (3) I Tim., IV ; 10

tous, le Seigneur reconnaîtra les siens ! » La croix de Christ ne restera pas solidaire de tant d'atrocités commises à son ombre, et que « les fils des croisés » glorifient encore. Le même Esprit, qui a stigmatisé le pharisaïsme juif et les abominations païennes, jugera le faux christianisme par l'Écriture Sainte. Les principes pacifiques prévaudront, à mesure que l'on connaîtra mieux les causes de leur échec dans le passé, malgré la sanction solennelle et irrévocable dont Jésus-Christ les avait revêtus. L'Église déchue ne peut plus livrer au supplice les témoins de la vérité, orateurs et écrivains, libéraux ou chrétiens ; le bras séculier lui faisant défaut, la lumière se répandra, et un peu de levain fera lever toute la pâte. Chacun des ouvriers du règne de Dieu recevra sa récompense selon son propre travail (1).

La philosophie, réduite à sa seule vertu, ne saurait faire régner, dans le monde, la paix et la liberté. Elle ne l'a que trop prouvé, durant la Révolution française, qui donna tout pouvoir à ses adeptes. Leur enthousiasme, leur bonne volonté, leurs projets philanthropiques, aboutirent à la Terreur, aux massacres juridiques, à la guerre civile et au despotisme militaire de Napoléon. La réaction des libres-penseurs contre l'intolérance et le fanatisme catholiques, les avait entraînés à rejeter toute idée de révélation et, avec elle, tout frein moral. Le culte de la Raison et la vertu athée s'opposent en vain au torrent des convoitises humaines ; il emporte la digue et dévaste la terre. Ses habitants affolés implorent alors l'épée d'un général, qui s'allie au clergé, pour réprimer l'anarchie, en rétablissant le double joug que la philosophie voulait briser. Les pays protestants échappent à cette alternative, dans la mesure où leur jeunesse reçoit une éducation biblique dont la

(1) St Jean, IV ; 36. — Apoc., XIV ; 13.

perfection concilierait l'ordre et la liberté, sans l'entremise de la force, que l'Evangile rend inutile.

N'oublions pas à quel point la pure vérité a toujours été intolérante envers l'erreur. Mais l'intolérance morale, qui « ne peut souffrir les méchants » (1), diffère de la contrainte matérielle, que de bons parents exercent souvent, avec modération, envers leurs enfants. Les hommes faits, étant égaux et libres, ont à choisir entre le bien et le mal, sous leur propre responsabilité ; personne ne peut s'en charger à leur place. En leur disant la vérité, avec une énergie divine, les serviteurs de Christ exercent sur eux une grande autorité ; régénérés par la foi, ils « jugent les tribus d'Israël » selon les règles de la foi (2). Mais leur autorité n'a rien de charnel ; elle affirme la justice, elle propose aux hommes, selon les Ecritures, « la vie ou la mort, la bénédiction ou la malédiction » (3), tout en respectant leur libre arbitre. Les êtres immortels l'ont reçu du Créateur ; il les distingue de la matière et de la brute ; il a la même origine que la véritable autorité. L'Evangile le concilie avec elle, tandis que tous les systèmes humains sacrifient la liberté à l'autorité, ou celle-ci au libre arbitre. Or, la paix ne saurait exister, au milieu du conflit entre le despotisme et la licence ; elle est incompatible avec l'exercice des droits du plus fort. Les périodes de calme relatif, et la trêve des partis hostiles, quelle que soit leur durée, aboutissent à de nouveaux troubles, tant que les vrais principes n'ont pas été reconnus.

Ne doutons pas du triomphe final de la vérité, à laquelle la saine philosophie rend témoignage, et que la Bible identifie avec l'amour, en nous montrant que « la lumière vient de la vie » (4). Abon-

(1) Apoc., II ; 2. — Ps., CXXXIX ; 21. — (2) St Matth., XIX ; 28. — St Luc, XXII ; 30. — (3) Deutér., XXX ; 19. — (4) St Jean, VIII ; 12. — I Jean, II ; 10.

damment répandu, de nos jours, dans toutes les langues, par les soins des Sociétés bibliques, le Livre de Dieu est un puissant moyen de propagande pacifique, lors même qu'il soit mal compris. Les commentaires erronés passeront ; la Parole de l'Eternel restera et percera les nuages, les vapeurs qui montent de la terre pour l'obscurcir. Le soleil de justice (1) finira par briller de tout son éclat ; le Prince de la Paix fera reluire sa face sur ses serviteurs (2) ; ses adversaires s'enfuiront devant lui, et tous les peuples de la terre adoreront « Celui qu'ils ont percé » (3) en crucifiant, sous ses yeux, la vérité et la justice, afin de satisfaire leurs convoitises (4), à main armée.

IX

Le Mouvement Pacifique

Parmi les « signes des temps » (5), dont les amis de l'Evangile se réjouissent, nous citerons l'institution du concours Nobel et les Sociétés fondées, en tout pays civilisé, en faveur de la paix et de l'arbitrage international, leurs publications et leur propagande. Elles s'efforcent de dissiper les malentendus, d'écarter les causes de discorde, en combattant le patriotisme exclusif et aveugle, qui méconnaît les droits d'autrui. Des écrivains indépendants dénoncent les maux incalculables, occasionnés par la guerre, qui absorbe les trois quarts des ressources des Etats européens, soit en préparatifs belliqueux, soit en arrérages de la dette publique, legs onéreux et permanent d'anciennes hostilités. La cons-

(1) Malachie, IV ; 2. — (2) Ps., LXXX ; 20. — (3) Zacharie, XII; 10. — (4) I Jean, II ; 16. — (5) St Matth., XVI ; 3.

cription arrache les cultivateurs au champ, les ouvriers à l'atelier, les étudiants à la science ; la perte de leur travail productif double indirectement l'énorme dépense de leur entretien sous les drapeaux. La moralité publique est gravement lésée par le célibat, que le service militaire impose à des millions de jeunes gens. La santé publique n'en souffre pas moins, à cause de la corruption correspondante d'une multitude de femmes, et des habitudes d'alcoolisme qui accompagnent ces désordres. L'abus du tabac se joint aux autres vices, pour dévorer la substance des familles, empêcher l'assistance des parents âgés ou infirmes, et entraver l'épargne qu'exigerait la prévoyance personnelle.

La propagande pacifique fait ressortir tous ces maux et ces crimes de lèse-humanité, en insistant sur les immenses avantages d'une entente raisonnable et équitable, substituée au hasard des batailles. Elle a mille fois raison contre ses adversaires, qui poussent la folie jusqu'à vanter la guerre comme un élément moralisateur, une école d'abnégation, et le correctif nécessaire du bien-être excessif, où le genre humain perdrait sa virilité. Toutefois, le mouvement pacifique, en général, laisse subsister la source des calamités qu'il déplore, en respectant la guerre défensive. En effet, c'est toujours au nom de la défense nationale que les armements s'accroissent, aucun peuple ne voulant avouer qu'il abuserait volontiers de sa force envers les faibles. Personne n'accepte la qualité d'offenseur ; on arme de toutes parts, afin de ne pas endurer les offenses des autres ; et le budget militaire grandit et grossit indéfiniment, malgré les protestations des Sociétés de la paix. Avec lui se multiplient les accidents, causés par ces innombrables mesures « défensives ». Les poudrières, les torpilles, les chaudières, les canons ou les obus, font explosion, et tous ces engins, destinés aux ennemis, détruisent d'abord bon nombre de compatriotes. Pour un malfaiteur, tué à coups de fusil ou de revolver, il y a, chaque année, des centaines de victimes parmi les propriétaires de ces armes, leurs parents et leurs amis. Afin d'échapper à un risque éventuel, ils en avaient créé un autre, réel et permanent, dont ils subissent les conséquences. Les Etats ressemblent, sur ce point, aux particuliers.

L'Evangile seul, tel que les chrétiens l'ont compris et pratiqué, durant trois siècles, sans égard à leur défense personnelle ou collective, peut atteindre le mal à sa racine. Nous en voyons les témoins dans plusieurs Eglises contemporaines ; quoique peu nombreuses, elles méritent notre respect, par leur fidélité aux principes apostoliques. La plus ancienne est celle des Amis ou Quakers d'Angleterre et des Etats-Unis, où ils ont longtemps gouverné la Pensylvanie, en lui donnant, au XVIIe siècle, une constitution basée sur la pleine liberté religieuse, abolissant la peine de mort, sauf le cas de meurtre prémédité, interdisant la guerre offensive ou défensive, et ménageant les Indiens, de manière à vivre en paix, même avec des tribus sauvages. Un jury mixte, institué par William Penn, entretenait la bonne harmonie, en vidant, à l'amiable, tous les différends entre les colons et les indigènes. William Penn publia aussi un Essai sur les moyens de maintenir la paix en Europe, dans lequel il préconisait la création d'un tribunal d'arbitrage international, où les neutres résoudraient, sans appel, les questions litigieuses. La conscription n'existant pas, dans leur patrie, les Quakers protestaient publiquement contre la guerre, qu'ils appelaient un crime national, en refusant d'acquitter la taxe spécialement affectée aux dépenses militaires. Les collecteurs royaux saisissaient leurs meubles, et ils perdaient ainsi, par motif de conscience, une somme supérieure à l'impôt lui-même. La conduite des Amis a démontré, même à Voltaire, que la liberté, l'égalité et la fraternité deviennent des réalités sous le régime évangélique. Leurs œuvres philanthropiques ont embrassé les malheureux de tout pays, sans distinction de race et de culte ; cette charité universelle est la gloire de Dieu sur la terre.

La chrétienté a néanmoins persécuté les Quakers jusqu'à la mort, parce qu'ils refusaient de porter les armes, de prêter serment en justice et d'ôter leur chapeau, même en présence des rois. La Société des Amis avait été fondée par un simple artisan, nommé George Fox, qui lui imprima, dès le début, un caractère démocratique, assez déplaisant aux grands de ce monde. Aussi a-t-elle souffert, avec les Baptistes, en pays protestants, une partie des cruautés que les Frères Moraves, après les Vaudois, ont endurées chez les catholiques, acharnés du reste à exterminer la dissidence, sous toutes ses formes.

Les Mennonites, ou Anabaptistes pacifiques de Russie et d'Allemagne, ont préféré s'expatrier plutôt que de prendre les armes. C'est à des membres de leur Eglise, habitant l'Alsace, que la Convention française, par l'organe de son terrible Comité de Salut Public, accorda la faculté de servir la patrie, en qualité de convoyeurs et brancardiers, sans faire l'exercice. Le gouvernement russe s'est montré récemment moins sage envers les Dukhobortsi, qui s'abstiennent non seulement de l'homicide et des procès, mais de toute nourriture animale, afin d'éviter l'effusion du sang. Au lieu de laisser maltraiter ces paysans inoffensifs par la police et les Cosaques, de les exiler dans le Caucase et de les contraindre enfin à émigrer, avec l'aide des Quakers, en Chypre et au Canada, le tsar Nicolas II aurait été mieux inspiré, en respectant leurs scrupules. C'eut été un heureux prélude à sa proposition de désarmement général, que les amis de la paix ont appuyée par toute l'Europe. Le gouvernement canadien, beaucoup plus libéral, avait accordé d'avance aux Dukhobortsi l'exemption de tout service armé, même dans la milice ou garde nationale.

En France, le témoignage de l'Evangile contre la guerre a été renouvelé, depuis un demi-siècle, par les chrétiens appelés Hinchistes, qui partagent, sur beaucoup de points, les convictions des Amis. La conscription étant devenue universelle, ils demandent à servir en qualité d'infirmiers, sans apprendre le maniement d'armes, qui serait, de leur part, un acte d'hypocrisie, puisqu'ils ne veulent tuer personne. Cette demande, fort légitime, finira par leur être accordée, car elle n'a aucun rapport avec l'exonération des prêtres catholiques du service actif. En effet, le clergé romain ne désapprouve pas la guerre, il ne l'interdit nullement à ses ouailles, et l'a souvent provoquée dans l'intérêt de l'Eglise. Aucun motif de conscience ne l'empêche donc d'y collaborer ; tandis que les Hinschistes la considèrent comme absolument réprouvée par Jésus-Christ, et ils agissent en conséquence. Leur témoignage a une importance particulière en pays latin, dans le propre domaine de l'Eglise belliqueuse et persécutrice, dont toutes les autres ont reçu leurs traditions antichrétiennes. Les Quakers avaient déployé l'étendard pacifique du Christ au milieu des Anglo-Saxons, les Moraves et Mennonites en Germanie, et les Dukhobortsi en pays slave. Les Hinschistes l'ont porté sur le territoire de l'Empire romain, où la fausse unité s'est fondée et conserve encore son plus grand pouvoir. C'est là qu'elle doit d'abord succomber devant la Croix, dont elle a fait si longtemps un emblème menteur, instrument de désolation, de misère et de tyrannie.

Cette espérance a fortifié l'auteur de ce livre, lorsqu'il défendait, en mai 1881, devant le Conseil de guerre de Lyon, un jeune conscrit hinschiste, N. G., engagé volontaire en qualité d'infirmier, et qui refusait de faire l'exercice armé. Ses juges, quoique obligés d'appliquer la loi et de le condamner, reconnurent sa parfaite sincérité, en offrant à son défenseur d'appuyer son recours en grâce auprès du Président de la République. Tous les jeunes gens de la même Eglise, qui se sont montrés fidèles à l'Evangile en prenant cette croix, ont enduré la prison sans se plaindre, et ils ont finalement obtenu, avec l'estime de leurs chefs, des emplois conformes à leur conscience. En rentrant dans leurs foyers, ils s'estimaient heureux d'avoir été jugés dignes de souffrir des opprobres pour le nom de Christ (1).

L'exemple de ces chrétiens strictement évangéliques, et soumis à la loi du Seigneur, complètera l'action de la propagande pacifique des économistes et des philanthropes. La pratique consciencieuse d'une règle morale est le meilleur moyen d'en prouver l'excellence, à l'encontre des préjugés qui l'ont obscurcie, et de briser le joug de la tradition. On cessera bientôt de conclure, de la persistance des hostilités durant des siècles d'ignorance, à leur perpétuité dans l'avenir. Les progrès de l'hygiène délivrent les pays civilisés de la peste et du choléra. L'Ecriture Sainte, mieux comprise, et confirmée comme autrefois par la vie des fidèles, les affranchira, grâce à Dieu, de tous les fléaux liés à l'existence de l'homicide légal. Leur effroyable description remplit des pages célèbres, que nous n'égalerions pas ; il nous suffit de les compléter en exposant l'origine et le remède du mal.

La liberté religieuse deviendra le fondement de la paix universelle, dès que la loi s'inclinera devant la conscience du chrétien, auquel sa foi interdit le fratricide ; l'avenir des nations modernes est lié à cette victoire du droit sur la force. Qu'on l'accorde au croyant, simple individu, unité perdue dans la

(1) Actes, V ; 41.

foule, minorité réduite à sa plus faible expression, et le monde entier en recueillera le bénéfice Si le droit prime la force, il supprimera bientôt la guerre civile, en appuyant les justes exigences des classes laborieuses, et la guerre étrangère, en faisant prévaloir l'équité sur l'intérêt national qui, mieux compris, s'accorde fort bien avec l'humanité. Même au point de vue terrestre, l'injustice n'exalte personne, car elle nuit aux oppresseurs autant qu'aux opprimés.

La Conférence de la Paix, réunie à La Haye, a très sagement exclu de son sein les représentants de la papauté, qu'on lui demandait d'admettre, au nom de « la mission pacificatrice » de l'Eglise romaine. Pour les recevoir, à ce titre, il aurait fallu oublier toute l'histoire du Saint-Siège, qui parle de paix lorsque la force lui fait défaut, et allume la guerre dès qu'elle lui semble avantageuse. Si la France, l'Espagne et l'Autriche n'ont pas écrasé l'Italie, pour rendre au pape sa capitale, c'est en dépit du clergé catholique, dont tout le monde connaît l'ardeur à provoquer une invasion étrangère au delà des Alpes. La Conférence de La Haye n'aurait rien gagné à la présence de pareils boute-feu, et ses résultats, beaucoup trop restreints, y auraient perdu en valeur morale, car la coopération des ennemis de la liberté n'affermit jamais la paix publique.

La proposition de désarmement général était excellente ; en se bornant à instituer l'arbitrage facultatif, le Congrès de la Paix s'est contenté d'aplanir la route qui mène au but. L'arbitrage deviendra, tôt ou tard, obligatoire, et son usage rendra inutiles d'énormes dépenses militaires ; c'est l'acheminement aux Etats-Unis d'Europe et à la Confédération Universelle, rêve des philanthropes et certitude des chrétiens primitifs. La triste guerre qui vient d'éclater, après le Congrès de La Haye, entre l'Angleterre et le Transvaal, démontre hélas ! combien les peuples protestants déshonorent souvent la Bible, par des actes d'autant plus coupables qu'ils la connaissent mieux et la répandent davantage. L'Evangile n'en prévaudra pas moins sur l'incrédulité de tous les rebelles, qui préfèrent à ses enseignements les voies impies de l'égoïsme.

Que les promoteurs du mouvement pacifique en prennent leur parti ; la neutralité religieuse qu'ils professent est une fiction, puisque leur propagande heurte les disciplines et les dogmes antichrétiens, en ruinant leurs effets séculaires. Son plein succès dépend de la sympathie que les Sociétés de la paix et les partisans de l'arbitrage accorderont aux chrétiens primitifs, dont les œuvres excèdent leur programme. Ils doivent les estimer comme une avant-garde, qui les précède d'un pas plus hardi et plus rapide. En supprimant la guerre pour eux-mêmes, à l'exemple du Christ et des apôtres, ces pionniers fraient la route au corps entier des pacifiques. Ceux-ci se contenteraient d'une haute cour internationale, chargée de régler tous les conflits, en vertu d'un traité permanent d'arbitrage ; les autres honorent l'Evangile en refusant de se battre. Tous récusent le « jugement de Dieu », usité au moyen âge, et mettant aux prises des champions, dont le plus fort était censé avoir raison. Mais les pacifiques, en général, entraînés par la foule, s'alignent dans la lice, pour soutenir quand même la cause nationale, tandis que les chrétiens primitifs la remettent à Dieu, quelle que soit l'issue de la bataille. Puisse cette divergence de principes et de conduite ne nuire en rien à leur accord réel, en vue du but commun ! Que les théoriciens de la paix fraternisent avec les militants, qui paient de leur personne, en obéissant jusqu'à la mort au Nouveau Testament. La confraternité sera pour tous une force nouvelle ; elle hâtera les temps heureux, que Victor Hugo en France, et Tolstoï, en Russie, ont magnifiquement décrits, en s'inspirant du langage des prophètes, les temps où la loi de Jésus-Christ sera vraiment celle de la chrétienté.

D'autres écrivains, dans les deux mondes, discernent les signes de l'ère nouvelle, et s'en réjouissent. Cette attente générale, semblable aux aspirations qui précédèrent la naissance du Messie, ne sera pas trompée non plus. On a trop longtemps grisé les hommes d'honneur national et de fanatisme en les excitant à se déchirer comme des bêtes fauves ; la barbarie homicide a maintenu, jusqu'à nos jours, les œuvres de ténèbres du paganisme ; mais l'heure de sa chute a sonné, car la raison, la science et la conscience la livrent désormais à la justice divine, dont l'arrêt est sans appel. L'iniquité n'aura pas le dernier mot sur la terre ; on pouvait l'espérer par la foi au Dieu juste et bon, il faut l'admettre, d'après la Bible, puisque le bon sens et le progrès n'y contredisent pas. La découverte des secrets de la nature supprime, peu à peu, les distances ; elle enlace tous les peuples par des liens d'intérêt et de trafic ; bientôt l'aviation, grâce à quelque moteur léger et puissant, annulera les frontières. La confusion des langues qui, depuis Babel, permettait aux égoïstes de traiter leurs voisins en étrangers, cessera, et la fraternité humaine sera restaurée, sous les auspices d'une Eglise réellement universelle ; « il y aura un seul troupeau et un seul Berger » (St Jean, x ; 16).

Qui peut prévoir et dépeindre les merveilles de ce règne de Dieu sur la terre ! A part la mort, qui subsistera jusqu'à la fin du monde (1), tous les fléaux destructeurs auront disparu (2). Le genre humain jouira librement des prodiges de son industrie ; affranchi de corvées et d'exactions, il cultivera en paix un sol fécond, dont il saura multiplier les pro-

(1) I Corinth., xv ; 26. — (2) Esaïe, xxxv ; 1-6.

·duits au centuple, en fertilisant, par l'irrigation, les déserts les plus arides. L'ambition des savants sera d'être utiles et de ne jamais nuire à l'humanité. L'abondance, la santé et la suppression du vice rendront au corps humain sa vigueur et sa beauté d'autrefois (1) ; le mariage et la vie de famille reprendront leurs droits. Un peuple innombrable glorifiera l'Auteur de tous ces biens, le Dieu d'amour, si longtemps méconnu par ses rachetés (2). En se rappelant le passé, beaucoup s'étonneront de la stupidité de leurs ancêtres, ils diront : Comment pouvaient-ils croire des dogmes insensés et se gouverner par des maximes iniques ? — Les hommes sincères n'ajouteront pas : « Si nous avions vécu du temps de nos pères, nous ne nous serions pas joints à eux » pour tuer nos semblables (3). Ceux-là s'humilieront devant le Très-Haut, en considérant la grandeur du péché qui nous a séparés du ciel, et qui s'est manifesté ici-bas d'une manière si éclatante, afin que « Dieu fut trouvé véritable et tout homme menteur », quand il paraîtra devant Lui (4). Pour convaincre pleinement les fils d'Adam de leur culpabilité personnelle, il fallait que la domination de la fraude et de la violence précédât le triomphe de la justice (5). La démonstration sera bientôt complète, la coupe sanglante a débordé ; il est temps que Satan soit « lié » et ne séduise plus les nations (6). Le Malin garde son empire au sein de la malice ; « meurtrier de tout temps et Père du mensonge » (7), il a pour base de son trône l'homicide et l'erreur. Le règne de Dieu c'est l'amour éternel, qui refoule le diable dans l'enfer et lui ôte sa proie (8).

La foi transporte les montagnes et le monde est vaincu par elle (9). Ni les forts blindés, ni les vais-

(1) Esaïe, LXV ; 20-25. — (2) Ibid., IX ; 2. — (3) St Matth., XXIII ; 30. — (4) Rom., III ; 4. — (5) Ibid., V ; 20-21. — (6) Apoc., XX ; 1-3. — (7) St Jean, VIII ; 44-45. — (8) Apoc., XX ; 10. — (9) I Jean, V ; 4.

seaux cuirassés, ni les canons à tir rapide ne résisteront à la puissance de la vérité. Elle proclame le néant de la force matérielle, qui est aveugle, incapable d'ébranler la justice et de modifier les desseins de Dieu, serait-ce « d'un iota ou d'un trait de lettre » (1). Tous les spiritualistes arriveront à le comprendre, et, laissant aux athées leur confiance dans la poudre et la dynamite, ils seconderont activement le mouvement pacifique. Le bonheur des nations modernes dépend de cette évolution, en toute âme d'homme bien convaincue de l'empire de l'esprit sur la matière, et de l'existence du Dieu suprême, « Père des esprits » (2), qui a fait naître d'un seul sang le genre humain (3). Ce n'est pas en vain qu'il invite ses enfants à lui adresser, d'un commun accord, cette sublime prière :

« Notre Père, qui es aux cieux, que ton nom soit sanctifié, que ton règne vienne, *que ta volonté soit faite sur la terre, comme au ciel !* Donne-nous aujourd'hui notre pain quotidien. *Pardonne-nous nos offenses, comme nous les pardonnons à ceux qui nous offensent ;* et ne nous induis point en tentation, mais délivre-nous du Malin, car c'est à toi qu'appartiennent, dans tous les siècles, le règne, la puissance et la gloire. Amen » (4).

---

(1) St Matth., v ; 18. — (2) Hébr., xii ; 9. — (3) Actes, xvii ; 26. — (4) St Matth., vi ; 9-13. — St Luc, xi, 2, 4.

TABLE DES MATIÈRES

Les personnes qui voudraient contribuer à répandre cet ouvrage peuvent envoyer leur souscription à M. O. Kellermann, à Cette, et tout traducteur compétent ses propositions.

Envoi franco à Domicile

EN FRANCE ET EN SUISSE :

Fr. 1,75 l'exemplaire.
» 30 les 20 exemplaires.
» 72 les 60 exemplaires.

DANS LE RESTE DE L'UNION POSTALE :

Fr. 2 l'exemplaire.
» 32 les 20 exemplaires.
» 78 les 60 exemplaires.

DÉPÔT CENTRAL POUR LA SUISSE :
Chez M. Charles TREYVAUD fils
11, route de la Cluse, GENÈVE.

Nîmes. — Imp. LA LABORIEUSE (ass. coop.) rue Godin, 7.

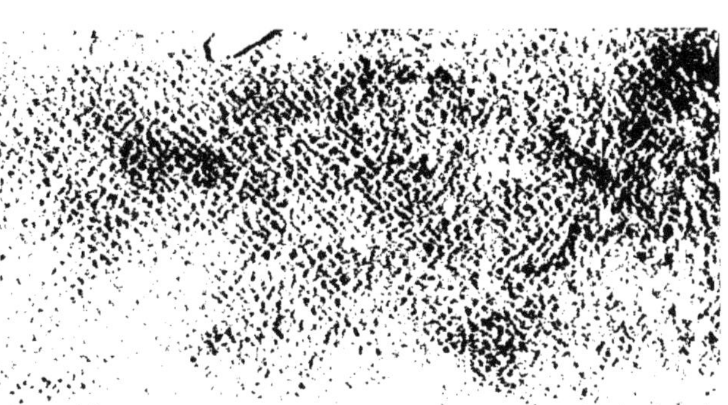

LABEUR
VIE JOIE
RICHESSE
LA LABORIEUSE IMP.

www.ingramcontent.com/pod-product-compliance
Ingram Content Group UK Ltd.
Pitfield, Milton Keynes, MK11 3LW, UK
UKHW020254220726